主编 李天纲

中国国家图书馆藏

民国西学要籍汉译文献·经济学（第五辑）

统制经济

L Economie dirigee

[法] 茜弗利（A.Siegfried）等 著 黄子度 译

上海社会科学院出版社
Shanghai Academy of Social Sciences Press

图书在版编目(CIP)数据

统制经济/（法）茜弗利（Siegfried，A.）等著；黄子度译．—上海：上海社会科学院出版社，2016
（民国西学要籍汉译文献/李天纲主编．经济学）
ISBN 978-7-5520-1197-5

Ⅰ．①统…　Ⅱ．①茜…②黄…　Ⅲ．①经济体制－西方国家
Ⅳ．①F113.1

中国版本图书馆CIP数据核字(2016)第046280号

统制经济

主　　编：李天纲
编　　纂：赵　炬
责任编辑：唐云松
特约编辑：陈宁宁
封面设计：清　风
策　　划：赵　炬
执　　行：取映文化
加工整理：嘎　拉　江　岩　牵　牛　莉　娜
责任校对：笑　然
出版发行：上海社会科学院出版社
上海淮海中路622弄7号　电话63875741　邮编200020
http://www.sassp.org.cn　E-mail:sassp@sass.org.cn
排　　版：上海永正彩色分色制版有限公司
印　　刷：常熟市人民印刷厂
开　　本：650×900毫米　1/16开
字　　数：140千字
印　　张：12.125
版　　次：2016年4月第1版　2016年4月第1次印刷

ISBN 978-7-5520-1197-5/F.390　　定价：60.00元（精装）

民国西学：中国的百年翻译运动

——『民国西学要籍汉译文献』序

李天纲

继唐代翻译印度佛经之后，二十世纪是中文翻译历史上的第二个高潮时期。来自欧美的『西学』，以巨大的规模涌入中国，参与改变了一个民族的思维方式，这在人类文明史上也是罕见的。域外知识大规模地输入本土，与当地文化交换信息，激发思想，乃至产生新的理论，全球范围也仅仅发生过有数的那么几次。除了唐代中原人用汉语翻译印度思想之外，还有欧洲十四、十五世纪从阿拉伯、希腊、希伯来等『东方』民族的典籍中翻译古代文献，汇入欧洲文化，史称『文艺复兴』。中国知识分子在二十世纪大量翻译欧美『西学』，可以和以上的几次翻译运动相比拟，称之为『中国的百年翻译运动』、『中国的文艺复兴』并不过分。

运动似乎是突如其来，其实早有前奏。梁启超（1873–1929）在《清代学术概论》中说：『自明末徐光启、李之藻等广译算学、天文、水利诸书，为欧籍入中国之始。』利玛窦（Mateo Ricci, 1552–1610）、徐光启、李之藻等人发动的明末清初天主教翻译运动，比清末的『西学』早了二百多年。梁启超有所不知的是：利、徐、李等人不但翻译了天文、历算等『科学』著作，还翻译了诸如亚里士多德《论灵魂》（《灵言蠡勺》）、《形而上学》（《名理探》）等神学、哲学著作。梁启超称明末翻译为『西学东渐』之始是对的，但他说其『范围亦限于天（文）、（历）算』，则误导了他的学生们一百年，直到今天。

从明末到清末的『西学』翻译只是开始，而且断断续续，并不连贯成为一场『运动』。各种原因导致了『西学』的挫折：被明清易代的战火打断；受清初『中国礼仪之争』的影响；欧洲在1773年禁止了耶稣会士的传教活动，以及儒家保守主义思潮在清代的兴起。鸦片战争以后很久，再次翻译『西学』，仍然只在上海和江南地区。从翻译规模来看，以上海为中心的翻译人才、出版机构和发行组织都比明末强大了，影响力却仍然有限。梁启超说：『惟（上海江南）制造局中尚译有科学书二三十种，李善兰、华蘅芳、赵仲涵等任笔受。其人皆学有根底，对于所译之书责任心与兴味皆极浓重，故其成绩略可比明之徐、李。』梁启超对清末翻译的规模估计还是不足，但说『戊戌变法』之前的『西学』翻译只在上海、香港、澳门等地零散从事，影响范围并不及于内地，则是事实。

对明末和清末的『西学』做了简短的回顾之后，我们可以有把握地说：二十世纪的中文翻译，或曰中华民国时期的『西学』，才是称得上有规模的『翻译运动』。也正是在二十世纪的一百年中，数以千计的『汉译名著』成为中国知识分子的必读教材。1905年，清朝废除了科举制，新式高等教育以新建『大学堂』的方式举行，而不是原来尝试的利用『书院』系统改造而成。新建的大学、中学，数理化、文史哲、政经法等等学科，都采用了翻译作品，甚至还有西文原版教材，于是，中国读书人的思想中又多了一种新的标杆，即在『四书五经』之外，还必须要参考一下来自欧美的『西方经典』，甚至到了『言必称希腊、罗马』的程度。

我们在这里说『民国西学』，它的规模超过明末、清末；它的影响遍及沿海、内地；它借助二十世纪的新式教育制度，渗透到中国人的知识体系、价值观念和行为方式中，这些结论虽然都还需要论证，但从一般直觉来看，是可以成立的。中国二十世纪的启蒙运动，以及『现代化』、『世俗化』、『理性化』，都与『民国西学』的翻译介绍直接有关。然而，『民国西学』到底是一个多大的规模？它是一我们并没有一个清晰的认识。还有，哪些著作得到了翻译，哪些译者的影响最大？『西学东渐』的代表，明末有徐光启，清末有严复，那『民国西学』的代表作在哪里？这一系列问题我们并不能明确地回答，原因就在我们对民国翻译出版的西学著作并无一个全程的了解，民国翻译的那些哲学、社会科学、人文学科的『西学』著作，束之高阁，已经好多年。

个怎样的体系？它们是以什么方式影响了二十世纪的中国思想？这些问题都还没有得到认真研究，

举例来说，1935 年，上海生活书店编辑《全国总书目》，『网罗全国新书店、学术机关、文化团体、图书馆、政府机关、研究学会以及个人私家之出版物约二万种』。就是用这二万种新版图书，生活书店编制了一套全新分类，分为：『总类、哲学、社会科学、宗教、自然科学、文艺、语文学、史地、技术知识』。一瞥之下，这个图书分类法比今天的『人大图书分类法』更仔细，因为翻译介绍的思潮、学说、学科、流派更庞大。尽管并没有统一的『社科规划』和『文化战略』，『民国西学』却在『中国的文艺复兴』运动推动下得到了长足发展。查看《全国总书目》（上海，生活书店，1935），在『社会科学・社会科学一般・社会主义』的子目录下，列有『社会主义概论、社会主义史、科学的社会主义、无政府主义、基尔特社会主义、乌托邦社会主义、基督教社会主义、议会派社会主义』等；在『社会科学・政治・政体政制』的子目录下，列有『政治制度概论、政治制度史、宪政、民主制、独裁制、联邦制、各种政制评述、各国政制、中国政制、现代政制、中国政制史』等，翻译、研究和出版，真的是与欧美接榫，与世界同步。1911 年以后的 38 年的『民国西学』为二十世纪中国学术打下了扎实的基础，而我们却长期忽视，不作接续。

编辑出版一套『民国西学要籍汉译文献』，把中华民国在大陆 38 年期间翻译的社会科学和人文学科著作重新刊印，对于我们估计、认识和研究『中国的百年翻译运动』、『中国的文艺复兴』，接续当时学统，无疑是有着重要的意义。1980年代初，上海、北京的学术界以朱维铮、庞朴先生为代表，编辑『中国文化史丛书』，一个宗旨便是要接续1930年代商务印书馆王云五主编『中国文化史丛书』，重振旗鼓，『整理国故』，先是恢复，然后才谈得上去超越。遗憾的是，最近三十年的『西学』研究却似乎没有采取『接续』民国传统的方法来做，我们急急乎又引进了许多新理论，诸如控制论、信息论、系统论……还有『老三论』、『新三论』、『后现代』、『后殖民』等等新理论，对『民国西学』弃之如敝屣，避之唯恐不及。

民国时期确实没有突出的翻译人物，我们是指像严复那样的学者，单靠『严译八种』的稿酬就能成为商务印书馆大股东，还受邀请担任多间大学的校长，几份报刊的主笔。但是，像王造时（1903–1971）先生那样在『西学』翻译领域做出重要贡献，然后借此『西学』，主编报刊、杂志，在『反独裁』、『争民主』和『抗战救国』等舆论中取得重大影响的人物也不在少数。王造时的翻译作品有黑格尔的《历史哲学》、摩瓦特的《近代欧洲外交史》、《现代欧洲外交史》、拉铁耐的《美国外交政策史》、拉斯基的《国家的理论与实际》、《民主政治在危机中》。1931年，王先生曾担任光华大学教授，文学院长，政治系主任，后来创办了《主张与批评》（1932）、《自由言论》（1933），组织『中国民权保障同盟』（1932）。他在上海舆论界发表宪政、法治、理性的自由主义；他在大学课堂上讲授的则是英国费边社社会主义、工联主义和公有化理论（见王造时著《荒谬集·我们的根本主张》，1935，上海，自由言论社）。非常可惜的是，王造时先生这样复杂、混合而理想主义的政治学理论和实践，在最近三十年的社会科学、人文学科中并无讨论，原因显然是与大家不读，读不到，没有再版其作品有关。

我们说，『民国西学』本来是一个相当完备的知识体系，在经历了一个巨大的『断裂』之后，学者并没有好好地反省一下，哪些可以继承和发展，哪些应该批判和扬弃。民国时期好多重要的翻译著作，我们都没有再去翻看，认真比较，仔细理解。『改革、开放』以后，又一次『西学东渐』，大家只是急着去寻找更加新颖的『西学』，用新的取代旧的，从尼采、弗洛伊德……到福柯、德里达……就如同东北谚语讽刺的那样：『熊瞎子掰包谷，掰一个丢一个。』中国学者在『西学』武库中寻找更新式的装备，在层出不穷的『西学』面前特别害怕落伍。这种心态里有一个幻觉：更新的理论，意味着更确定的真理，因而也能更有效地在中国使用，或者借用，来解决中国的问题。这种实用主义的『西学观』，其实是一种懒惰、被动和浮躁的短视见解，不能积累起一个稍微深厚一点的现代文化。

讨论二十世纪的『西学』，一般是以五四『新青年』来代表，这其实相当偏颇。胡适、陈独秀等人固然在介绍和推广『西学』，倡导『启蒙』时居功至伟，但是『新文化运动』造成不断求新的风气，也使得这一派的『西学』浅尝辄止，比较肤浅，有些做法甚至不能代表『民国西学』。胡适先生回忆他们举办的《新青年》杂志，有一个宗旨是要『输入学理』，即翻译介绍欧洲的社会科学、人文学科知识，他还大致理了一个系统，说『我们的《新青年》杂志，便曾经发行过一期「易卜生专号」，专门介绍这位挪威大戏剧家易卜生，在这期上我写了首篇专论叫《易卜生主义》。《新青年》也曾出过一期「马克思专号」。另一个《新教育月刊》也曾出过一期「杜威专号」。至于对无政府主义、社会主义、共产主义、日耳曼意识形态、盎格鲁·萨克逊思想体系和法兰西哲学等等的输入，也就习以为常了。』（唐德刚编译：《胡适口述自传》，北京，华文出版社，1992年，第191页）。胡适晚年清理的这个翻译目录，就是那一代青年不断寻找『真理』的轨迹。三四十年间，他们从一般的人性论学说，到无政府主义、社会主义、马克思主义；从不列颠宪政学说，到法兰西暴力革命理论、德意志国家主义思想，再到英格兰自由主义主张，大致就是『输入学理』运动中的全部『西学』。

胡适一语道破地说：『这些新观念、新理论之输入，基本上为的是帮助解决我们今日所面临的实际问题。』胡适并不认为这种『活学活用』、『急用先学』的做法有什么不妥。相反，二十世纪中国知识分子接受『西学』的方法论，大多认为翻译为了『救国』，如同进口最新版本的克虏伯大炮能打胜仗，这就是『天经地义』。今天看来，这其实是一种庸俗意义的『实用主义』，是生吞活剥，不加消化，头痛医头，脚痛医脚的简单思维，或曰：是『夺他人之酒杯，浇自己之块垒』。从我们收集整理『民国西学要籍汉译文献』的情况来看，『民国西学』是一个比北大『启蒙西学』更加完整的知识体系。换句话说，我们认为『五四运动』及其启蒙大众的『西学』并不能够代表二十世纪中国西学翻译运动的全部面貌，在北大的『启蒙西学』之外，还有上海出版界翻译介绍的『民国西学』。或许我们应该把『启蒙西学』纳入『民国西学』体系，『中国的百年翻译运动』才能得到更好的理解。

我们认为：中国二十世纪的西学翻译运动，为汉语世界增加了巨量的知识内容，引进了不同的思维方式，激发了更大的想象空间，这种跨文化交流引起的触动作用才是最为重要的。二十世纪的中国文化变得不古不今，不中不西，并非简单的外来『冲击』所致，而是由形形色色的不同因素综合而成。外来思想中包含的进步观点、立场、方案、主张、主义……具有普世主义的参考价值，但都要在理解、消化、吸收后才能成为汉语语境的一部分，才会有更好的发挥。在这一方面，明末徐光启有一个口号可以参考，那便是『欲求超胜，必须会通；会通之前，必先翻译』。反过来说，『翻译』的目的，是为了中西文化之间的融会贯通，而非搬用；『会通』的目的，不是为了把新旧思想调和成良莠不分，而是一种创新——『超胜』出一种属于全人类的新文明。二十世纪的『民国西学』，是人类新文明的一个环节，值得我们捡起来，重头到底地细细阅读，好好思考。上海社会科学院出版社邀我主编『民国西学要籍汉译文献』，献弁言于此，是为序。

2016年3月20日，于阳光新景寓所

［法］茜茀利（ A.Siegfried ）等 著　黃子度　譯

統制經濟

中華民國二十五年二月初版

譯者弁言

統制經濟，彷彿是一個時髦問題，可是用時髦的眼光去研究統制經濟，就根本錯誤了。

統制經濟的動因，不是一種『趨新主義』其發動，演變，完成，不是在一二年的短時期裏。其所憑藉的，不是簡單脆弱的經濟條件和政治條件。

法國，在世界經濟和世界政治方面，所佔的地位已經不弱了，然而，在統制經濟政策之下，牠還是一個被侵略者。牠一感受到這種侵略的影響，國內也就有不少的『趨新主義者，』起來搖旗吶喊，說要急起直追。好在法國人不盡是趨新主義者。牠的中堅分子，對牠的經濟社會卻有清澈的認識。他們在經濟思想方面，有他們可以自信的理論，所以遇着了新花樣，還不至於頭暈目眩地一味盲從。他們在客觀的事實方面，有事先的調查及準備，所以不至於直到感受侵略影響，纔手忙足亂地張皇失措。

本書是由法國政治學院學生新舊同學會，邀請法國經濟專家，對統制經濟問題的講演裏，彙集而成的。這些經濟專家大半都是由法國政府派到駐外國的法國公使館作隨員，專去調查外國經濟和經濟政策的。所以對於各國統制經濟的動因，進程，成效等，都討論得精確允當。對於各國統制經濟所取的態度，又虛心，又沉着，又有積極奮起的精神。

我們也是統制經濟政策下的被侵略者。在積極方面，我們對自己的經濟，有統制經濟諸國那一番用心嗎？在消極方面，我們的駐外公使館裏有專員能夠調查淸楚外國經濟和經濟政策嗎？我們對統制經濟，能夠自知知人地，想出一種對外戰略和對內計劃嗎？凡此種種，都很可借鑑於法國人及其他統制經濟諸國。譯者所以要翻譯此書，也就是想把這類材料蒐集起來供我國人士的參考。

譯者所抱歉的，是在關於德國統制經濟的部份，因演講者所取材料過於偏重抽象的理論，以致意義晦昧。在法國人聽起來都覺得有點糾纏不淸，所以無法把牠譯得很明顯。希望讀者對這一部份多用一點苦心。

黃子度　二十四年八月二十八日

目錄

統制經濟

畢加爾先生致開會辭　一九三四年二月十九日

我們的學會早就注意到了，在牠研究的對象裏，是不能遺棄一個含世界性的題目的。因爲統制經濟不僅是一些學者工作的對象，牠便在我們的眼前，實地動作，牠便在我們周圍十分困苦的社會裏，佔了主動的勢力，牠便透射着我們自己的國家，并且牠漸漸地要把我們捲入牠的網羅裏。統制經濟這種勝利的實現之迅速，使吾人幾乎可以說行爲往往在思想之先；使學說去追認事實的時候，往往比學說自己去創立理論的時候要多一些。

這裏，這是一種外形嗎，抑或是一種實際呢？在我們面前的是一種新的、經濟制度嗎，抑或是一個國家主義所能採用的千種形態的一種呢？

在任何一種政治或經濟制度失了常態，寄生於其下的人們因而失卻安全保障的時候，新的學說就在醞釀，就在傳布了。一到經濟上或政治上起了變遷，新的學說的要旨，至少外形是新的，就要起而代替舊學說了。許多經對的原則，至少在某一段時期中，也就定下了。一直要到一般人有意或無意的得了事實證明，自己屈服了，又去用許多折衷的辦法來把新觀念連接到舊觀念上面去。這些折衷辦法，常常是不管好好壞壞地，總要使當前的利益和力量均衡起來；並要社會生活得着一種保障。

這次，彷彿是經濟衝突的急驟，經濟擾亂的暴烈與深重，把學說的醞釀時期與實行時期都混合起來了。因此在學說方面便生出一些混雜和不貫，在實行方面便生出許多猶豫與紛歧。

所以，吾人對一種學說，宜於把牠所佔的地位認識明確；我們要專心來幹的也就在此。

我們陸續對於美國，德國，意大利，蘇俄等國，研究其所崇尚的方法及其現行的實驗。又在最後一度講演裏，要說明統制經濟在外國生活裏的透射的，我們要求講演者，推出這幾度研究的結論。這些結論，正是優異的講演先生們和主席們在諸位之前，所欲追求的。

美國統制經濟

茜茹利先生（M. André Siegfried）致歡迎詞　一九三四年二月十九日

照例，我是負了責任，要把今晚的演講者，慕尼克先生引到諸位之前，向諸位介紹介紹。我想這都差不多可以不必；因爲他的盛名，在諸位，恐怕是全體或大部份都知道的。

慕尼克先生是我們的同學，他是住過我們學校的，他在歐戰以前就畢業了。他服務是在一個重要機關裏，在財政的稽核機關裏。這個機關也有點像我們學校的機關，因爲裏面的人員，很多都是由我們學校出去的。慕尼克先生在財政上因爲有了這種資格，所以近年纔在駐美法國公使館作了四年的財政隨員。近來，我們的主席要同我們研究羅斯福制度下的美國恐慌和美國統制經濟問題，除了慕尼克先生，就再沒有更適當的人了。

要想這些問題談得很好，就得要對美國有清澈的認識，而且要在當地參加過所談的問題內的工作。在我們這個時代的人，要想寫一個問題，談一個問題，都變成一件困難的事體了；因爲一般人既要他對問題有充分的認識，又要他實地參加過其中的工作。然而，慕尼克先生完全能夠適合這兩個條件。因此，我就帶着充分的信仰心讓他來談；我也同諸位一樣的悅服他，要來領他的教。

慕尼克先生（M. Emmanuel Monick）講演詞　一九三四年二月十九日

今晚鄙人被邀來和諸位討論的問題，是『美國的統制經濟』；或可簡稱爲『美國實驗』。

吾人評判天西洋彼岸的事績的時候，所抱態度，大概有兩種：其一『認爲美國這次運動可算一種很大的實驗。這項實驗也許會翻動世界經濟』。其他『認爲很大的實驗不可與很多的實驗混爲一談。美國只算得有很多的實驗。只算是一些無宗旨的經營和無理想的演進罷了』。

據個人看來，這兩種評判都與事實相隔得太遠。美國人從來就沒有想到『去作這種統制經濟的實驗，是爲要樹立典型，以供他國仿傚』。他們僅僅是適應美國很嚴重的需要，作一種美國實驗而已。我們固然不能承認這種實驗，一向就根據着有甚麼宗旨或原則。可是，就反面言之，我們也不應該承認這種實驗純粹是僥倖偶然的結果。這種實驗，確有理想的趨勢。我們現在所應該討論的，也正是這項理想的趨勢。

這裏，希望諸位特別要了解的，就是：『我雖然要把這些美國實驗，依着理想統系，歸納整理起來。但是我所談的範圍，只限於事實的敍述』。因爲我在美國所任職務關係，談話就有些應該保留的地方。這想來是大家容易諒解的。

至於根據事實來推演理論，那就是茜茀利先生（M. Siegfried）和諸位自身的任務了。

美國實驗的含義，是用了一隻兩翼飛張，光閃灼的藍鷹表記出來，想大家早已知道的這隻藍鷹在美國繁榮了鈕扣商，潤色了汽車廠，輝煌了一切公司商店。

美國有位著名的年鑑專家華爾特先生（M. Walter Lippmann）對藍鷹曾經下了個值得注意的評判。華氏認為「美國總統所負的使命是雙重的。一方面是恢復美國繁榮；他方面是重建美國經濟的新基礎。藍鷹如果真能表記出美國實驗的含義，那末，一個藍鷹就該有兩個頭腦」。

為了別的理由個人也覺得美國實驗應該有兩個頭腦；而且兩個頭腦不在同一方向。一個頭腦應該是統制經濟（L'économie dirigée）；另一個頭腦應該是統制金融（La monnaie dirigée）。這次演說的章段，也就可以依着這兩個頭腦，分列出來：

一　美國的統制經濟（L'économie dirigée aux états-unis）

認為美國的統制經濟，是在民治派最近選舉勝利以後，纔誕生的，就算錯極了。美國的統制經濟，老早就有先例存在的。如果談到羅斯福的統制政策，就不能不追溯胡佛的統制政策。在一九二九年的美國恐慌之後，胡佛已經就有這種實驗了。我們現在，就依着這種實驗在歷史上演進的程序和段落，來分段討論。

（A）歐洲大戰時期的先例　談到美國的統制經濟，胡佛還算不得首創者。胡佛之前，還有先例在。歐洲大戰期中，統制經濟政策就已經發軔了。大戰使美國經濟發生了無數困難。爲要應付這些困難，美國纔用政府力量來支配經濟。一九一七年，美國政府設立了兩個機關，其一爲軍實製造局（War Industries Board）；其二爲戰備銀公司（War Finance Corporation）。美國現存之復興金融公司（Reconstruction Finance Corporation），就是沿襲戰備銀公司而設立的。

軍實製造局的任務，是在集中一切關於軍實的定貨單。凡購買軍實者，皆向軍實製造局定貨。製造局再把定貨單的盡分配到各製造商，令他們儘先趕造。這樣集中的結果，品定貨價的威權，都就操在軍實製造局的手裏。戰備銀公司的任務，是在貸放資金，活動金融。製造軍實的商人若要擴張營業，需用資金，就可向戰備銀公司請求貸款。

美國這種組織的本意，不過以爲購買軍實，有了整個的計算，總不感受供應的困難。及到實驗的結果，軍實的購買方面自然得了利益；而美國一般生產社會，也因此受了不少的好影響。因爲軍實的購買量既有整個計算，軍實的製造者和軍實原料品的購買者，也就隨着有了整個計算。市場上就不發生供求不適合及物價的暴起暴落等現象。戰備銀公司結算時的情形也很好，牠的貸款損失還沒有達到貸款總額的百分之一。

無疑地，戰時的經濟環境是和現在不同。戰時的生產品是供不應求。現在是生產過剩。戰備銀公司結算是在物價高漲時期。大家都知道在物價上漲時期收賬要比較物價下落時期容易些。

爲了這些理由，我們可以知道美國一受一九二九年恐慌的打擊，馬上就會回想到歐戰時的困難環境；就會想到參加一些國家力量來干涉，於社會是有利益的。因此，美國的統制經濟可以說是由於回憶戰時的實驗而發現的。

不僅在理想方面，是這樣演變下來的。在事實方面，也還有許多蟬聯的形跡可尋。例如梅友先生（M. Eugène Meyer）在歐戰時是戰備銀公司傑出的總經理；在一九三二年又作了復興金融公司的總經理。白露先生（M. Bernard Baruch）在戰時曾任軍實製造局的總經理，現在又作了約翰孫將軍（Général Johnson）的後幕主人。約翰孫又是經濟復興法的包辦者。

（B）胡佛的實驗　美國在歐戰時所用的統制政策的主要性質既經說明，現在就討論胡佛的統制經濟。稍緩再看羅斯福爲了應付他的環境，便怎樣去採用和改換這種統制政策。

一九二九年，胡佛採取統制政策來應付恐慌的第一個反響，要算經濟方面最純粹的自由學派當時美國採行的是放任政策。對於恐慌的原因結果，都渺不知悉，甚而至於否認有恐慌的存在。

美國交易所的破產據當事者所說，不是由於經濟的或金融的恐慌，而是由於心理的恐慌。美國人民在當時也異口同音地說「要不是一些人自己墮落在恐怖窟裏，地方的繁榮是不會受累害的」。並且深深地信仰「繁榮是環轉不息」的公式，以爲正在環轉。可惜了，這個公式不會確定牠怎樣轉法。恐慌倒是在繼續不斷的環轉。繁榮卻老轉不出來。

美國的民衆對恐慌既有這樣的認識，所以就毅然決然地拒絕政府參加力量來救濟。到了一九三〇年，美國經濟學者捷士先生（M. Stuart Chase）纔把美國經濟條件的嚴重性，具體描寫出來。捷氏說：

「美國在一九二九年九月，證券交易所的有價證券達到$90 000 000 000的交易總額到了一九三〇年年底，就只有$50 000 000 000的交易總額了。麥價由每斗 $1.28 跌到 $0.75。棉價由每斤 18 cents 跌到 10 cents。美國汽車廠每年製出8 000 000輛，而全世界的汽車消費量從沒有超過6 295 000輛。美國皮鞋業每年製出900 000 000雙，而美國對皮鞋的消費量每年纔300 000 000雙。煤礦每年產煤750 000 000噸，美國市場僅能銷煤 500 000 000 噸。煤油產額每年達到6 000 000桶（barils）而銷量每年從沒有超過4 000 000桶（barils）。毛織物的生產量曾經達到$1 750 000 000，到了一九三〇年就減少到$650 000 000。祇有失業人數是在增加。一九三〇年年底失業人數超過了 8 000 000。由此可知美國生產的過剩，達到甚麼程度了」。

在這些條件之下，依美國政府的眼光看來，應該要承認「即使這次恐慌是心理的原因造成的；而恐慌使社會所受的損失可是太確實了」。

正在這些社會困難逐日增加的時候，胡佛總統就下定了決心，去採用統制美國恐慌的政策。我們由此可以看出，社會經濟走上了經濟科學的途徑時，便是統制經濟誕生之日了。

胡佛的恐慌原理　第一步我們應當要研究清楚胡佛和他的顧問們究竟用甚麼原理來解釋恐慌。譬如一個醫生，我們首先要知道他用的甚麼診斷方法，然後纔容易知道他採用甚麼治病方法。

胡佛和他的顧問們都是以週期恐慌的原理作他們理想的出發點。認為美國的恐慌，每十年來一次。猶如人類的皮膚，每七年換一次是同樣的道理。

胡佛他們幷不認爲物價應該回漲到一九二九年那樣的高因爲這一年的物價高得過分了。可是他們也不承認一九三〇到一九三一年的低物價，就算適度的物價。爲了這些理由，他們的結論就認爲「國家的利益和責任，祇在輕減恐慌的虧損和防止物價過甚的變動」。因爲國家要是袖手旁觀，任隨物價自由跌落，跌得過低了，就會使一部分財富無形銷毀。並且這種物價的過甚低落，到了相當程度，又會受一種無形的經濟力量支配，回漲起來。與其跌而又漲，使社會受損失，何如不跌到過甚程度！胡佛的統制經濟，幷不要違反經濟力量的支配，祇是要防止經濟力量的變動達到過甚程度而已。猶如疏通河流的壅滯，使牠不至於汜濫來毀滅一切。

胡佛的理論，在當時實在是切中時病。美國的事實便可以反證出這種理論有很高的價值。現在我們就來分析一些美國事實。照普通經濟原則推想起來，凡資力不健全的企業，遇着恐慌，是應該受淘汰的。有些負債的農人，如果他的麥子賣不到每斗一元五角的價格，他就不能償濟債務而生存，那末，只好讓債主來賣他的麥子了。否則他不管甚麽價格，也得去賣麥子。於是乎每斗賣一元，或比一元還要少；陳麥的價格還沒有漲起來，新麥又上市來就賣了。這些農人種麥的時候，都向銀行借了款。麥子收穫好了，銀行自然就要收回貸款。農人就不能不賣了麥子，去和銀行結賬。這個結賬影響還要催逼麥價低落。有害的『物價過甚低落』，也從這裏開始。至於資力健全的農人，在這種條件之下，也只好離開鄉土，把田園荒蕪起來。在此，就不談社會的損害，而美國所受實質的損失已經不少了。

胡佛政策的主要用意，是在防止這種無益的結賬。他用甚麽方法來防止呢？他用的方法有三種：

其一，是一包統治百病的藥劑，用來使物價回漲。他的政策是在一方面使貸款的數量增加，一方面使貸款的利率低減。爲要增加貸款數量，聯邦準備金銀行便從普通銀行的手裏，購買巨額的政府公債。普通銀行所存的政府公債，變成了現款，自然感覺得資金豐裕，放款條件自然也要格外從寬。放款數量因此也可以逐漸增加。爲要使放款的利率減低，聯邦準備金銀行便自動減低了貼現率。普通銀行大概都要到聯邦準備金銀行來重貼現。重貼現率既是減低了，普通銀行的貼現率自然也得要減低。間接也就會影響到利率的低減。

胡佛政策的用意雖是這樣，而實際上所得的效果究竟如何呢？普通銀行雖然從聯邦準備金銀行裏得到不少的資金，但是因爲經濟市場的不景氣，許多存戶都紛紛提取存款。從前有款存銀行的商業，多半都倒閉了，不能再向銀行存款。所以普通銀行的資金從聯邦準備金銀行裏取來，又由存戶手中付出去，結果，還是感覺不到資金的寬裕。

雖然如此，政府對他指定的目的是決心要達到的。增加放款政策，一次不成功，二次還要變本加厲。聯邦準備金銀行購買公債的數額，最初每星期是一千二百萬元；隨即增加到二千萬元；最後還增到三千五百萬元。一直到普通銀行感覺資金過於寬裕了纔停止。

普通銀行資金雖然增加了，然而這些資金祇是存在銀行裏，一點也沒有流通到市場裏去，幫助工商業的發展。結果這些資金並沒有影響到購買力方面，物價仍然不能上漲。因為信用放款的成立，一方面要放款者有放款的能力和意願，他方面還要借款者有利用借款的需要。在物價下跌的時期裏，借款來生產，是含有極大危險性的。美國的借款者不願冒這種危險。而且各地企業都在縮小營業範圍，收回週轉資金，大概都沒有借款的需要。

胡佛政策本來是想增加貨幣流通量，使物價高漲。誰知遇着這次的恐慌，一點也不生效力。好在胡佛的政策，還不限於增加貨幣流通量一點。在普通經濟環境裏，增加貨幣流通量，是可以提高物價的。不過這次美國經濟環境有兩個特殊弱點，一個是農業方面的，一個銀行方面的。為要醫治第一個弱點，美國設立了一個勸農局（Le Farm Board）。為要醫治第二個弱點，設立了一個復興金融公司（La Reconstitution Finance Corporation）。

勸農局　美國農村的不景氣，不是從一九二九年恐慌時候起。歐戰的一個大影響，便是幾種農產品的生產過剩。當時農產品缺乏，價格就高漲，生產因而增加。一九一三年，世界五大產麥國每年產額約計一十八萬八千三百萬斗。到了一九三〇年，便增至二十八萬八千四百萬斗。幾乎增加了百分之五十。而各個消費麥子的國家又把產麥數量增加了一萬五千萬斗，把麥子的消費量縮減了一萬七千五百萬斗。所以在一九三〇年年底，銷售不出的麥子，約計有五萬萬斗。美國所囤積的麥子已由一萬二千五百萬斗增至三萬六千萬斗。麥價在一九二〇年每斗三元五角。到一九三〇年，每斗還賣不到一元。棉的情形大致與麥相同。一九二五年囤棉約計二百萬包。一九三二年便增至一千萬包。煙草在一九二五年囤數爲五萬萬斤（Livre）。一九三二年便增至八萬萬斤（Livre）。米在一九二五年無囤貨。一九三二年便囤至十萬萬斗。

單就這些統計數字看來，對美國情形還不容易得到一個完整的印象。我們最應當認識淸楚的，是美國這種環境，究竟使農民受了些甚麼影響。

在美國農民生活裏，麥子每斗可售一元，棉花每斤可售一角八仙，農民的收穫恰可供給農民家庭生活費及種作費。再也沒有餘錢來償債了。而美國農民的田莊，大都是借了一部分款來購買的。因此，田莊多半是典當了的。這類借款的數量，還有些統計數目可供查考。

據一九三三年美國官方估計，農民典當借款約共有美金八十五萬萬元。約合法國二千一百億佛郎。美國農民的田莊有百分之四十是典當了的。平均計算典當借款約佔田價百分之四十。

假定一個農民在一九二五年買了十萬元的田產。十萬元中有四萬元是典當借來的。到一九三〇年，麥價低落了一半多，田產本身的價值也應當算是低落了一半多。農民的資本就算損失盡了。他的田產價值償足債還借款。他就算失掉地主資格了。他就算當給債主而變成售賣勞力的工人了。在美國，這種並不是偶然鮮見的情形，在西部的國家裏，這種算是極普遍的現象。

一部份農民到了這種境地，社會難免不受一些惡影響。政府若是置之不理，恐怕會爲職責所不容許。若是起而救濟，又應該採用甚麼辦法呢？美政府在此就設立勸農局。

勸農局的資金，共有美金五萬萬元。牠的使命有二種。其一在協助農村合作社，對農業生產加以整理限制，使農產量減少。其二在放款與農村合作社，使合作社能將農產品囤積到有好行市纔出售。

勸農局放款，大都用農產物來作抵押品。放款額不能超過抵押品市場價格的百分之九十。一九三〇年三月，棉價爲每斤一角八仙，勸農局對合作社堆棧裏的棉花每斤放款一角六仙。對麥放款亦然，麥價每斗一元的時候，每斗可得借款八角。

勸農局的成績又如何呢？棉麥價格還是繼續下跌。不久就跌到放款的標準價格以下。合作社裏囤積的棉麥，都變成了國家的財產。因合作社的資本極少，稍受損失，便無力賠償。

勸農局的成立，在一九二〇年三月，結束在一九三三年三月。在某段時期內，擁有的麥子，曾經達到二萬五千七百萬斗。幾乎把全美國剩餘麥子都囤完了。結果，售出一大部份，捐了一部份到紅十字會，用了一部份去換巴西咖啡。

的咖啡。結賬的時候五萬萬元的資本失掉了二萬萬元。麥價還是由每斗一元跌到每斗四角。棉價由每斤一角八仙跌到每斤六仙。

由此看來，勸農局的工作，算是毫無成效。民治派奪得政權後，馬上就把這些政策結束了。

復興金融公司　剛纔談過，美國還有一個弱點是在銀行方面。當初資本過少的銀行太多。在一九二九年，美國共有二萬五千家銀行。其中有半數的銀行，都只有十萬元以下的資本。不僅銀行的數目過多，銀行的存款也犯了過多的弊病。因爲這些過多的存款，都是由空頭放款而來。（譯者按美國人都喜歡用支票，在銀行裏得了一筆借款，即又存在銀行裏，需用時，再開支票取用。這類放款既無商貨作抵押品，又不必用現款來支付，故名爲空頭放款）。一九二九年，美國銀行的存款總額是五百萬萬元。恐慌以後，纔逐漸減少。一九三四年，便只有四百萬萬元了。存款既減少一百萬萬元，美國銀行，就要一百萬萬元的現款來支付。放出去的款又不能隨時都收得回來。有些銀行因此大感困難，或甚而至於倒閉。

美國銀行資本總是不多的。至於規模很大，分行很多，活動力量可以普及全國的銀行，一個也沒有。美國限制托拉斯的法律，對這種大規模的組織是要禁止的。在加拿大，因爲有這種大銀行，在恐慌時期便可放款來救濟小銀行，所以沒有看見銀行倒閉。在美國卻剛剛相反，銀行倒閉簡直是一種流行病。每年平均總要倒閉五百家或六百家。遇着恐慌，還不止此數。一九三〇年就有一千家銀行關門。以前每年倒閉了的銀行，存款總數從沒有超過二萬七千二百萬元。在一九三〇年，卻達到了七萬萬元。

美國銀行旣到了這種危險境地，政府就得要設法來救濟。否則金融恐慌的風潮，便會普及到各地方去。於是乎，纔有復興金融公司的設立。金融公司的資本有二十萬萬元。其目的是一方面要放款去救濟銀行，使銀行能夠應付存款的提取；他方面要放款去協助鐵路公司；因爲美國人有很大一部份資金投在鐵路公司裏，如果經營得不好，鐵路股票在交易所裏恐怕要釀成大風潮。

用不着說，這種金融公司的設立不是法國的急切需要。據美國報章所載，這個金融公司正是仿效法國而設立的。美報說：

「復興金融公司的辦法，在金融界不算是新創的。去年九月，法國政府會同巴黎的幾家大銀行，曾經籌了一筆保證基金來維持國家銀行(La Banque Nationale de Crédit)。最近法國政府又籌了一筆巨款來資助海外航運大公司(La Compagnie Générale Transatlantique)。美國政府和法國政府的辦法，在原則上是無二致的。」

這種辦法，在原則上有無分歧之點姑置勿論。在施行方面卻是大有區別的。法國的辦法是應付特殊的事件。美國卻是應付普遍社會。復興金融公司開辦了十三個月，就放了一十八萬萬元的款出去。資金的全額都快要放出去完了。

結果怎麼樣呢？胡佛離開華盛頓的一天，美國的銀行全體都關了門。胡佛統制經濟的實驗，由此告終。胡佛的統制經濟政策自然是已經失敗了。但是他的困難點在甚麼地方呢？我們是很值得去研究的。據個人看來，第一個難點，是政府參加力量來變更物價的時候，預先就定了一個理想的物價；以爲物價漲到理想標準，自然就沒有恐慌了。但是，理想標準好容易估計適當！胡佛就是把理想的物價水平線估計得太高了。他以爲麥價應該漲到每斗八角，棉價應該漲到每斤一角六仙。費盡了力，毫無成效。大概統制經濟的出發點一錯，以後所得結果，定會同預定的目的相反。說不定反轉把恐慌延長了。第二個難點是估計即使適當，遇着恐慌還在繼續擴展，統制政策也就絕不容易收成效。因爲所謂『吾人對天然力量只能依隨及助長，而不能反抗』的話，確有點眞實性的。

在物價上漲時期，貨幣流通量稍一增加，或貼現率稍一變動，對金融市場即發生顯著的影響。美國在一九二七年，正是物價上漲的時期，經濟當局恐怕工業生產得太遲緩，趕不上行市，就決定要稍稍增加放款額。聯邦準備金銀行很輕微的減低一點貼現率，馬上物價就飛漲，放款也膨漲了。一九二八到一九二九年的繁榮就是這樣來的。在物價下跌的時期裏，胡佛以爲這種辦法會經試用而收了效的，正好用來防止物價下跌。結果，適得其反。一般人在第一次借款來經營企業遭了失敗，第二次再也不願借款了。

一般社會心理，要感覺到物價必向上漲，纔有人來用放款的。然而，物價既到定要向上漲的時候，恐慌早已沒有了。還需用得着甚麼救濟辦法呢？從這裏看來，放款量的增加，只能幫助物價的上漲而不能扭轉物價的下落。可以說，要救濟恐慌，只有在未開始以前，或旣終了以後。正當恐慌期間，是毫無辦法的。

無論如何，我們應該承認『統制經濟是自欺欺人的技藝』。因爲這種政策所收的效果，往往和預定目的相反。卽使能收預期成效，爲時也太紆緩，定要下屆以後的人，纔可樂享其成。

現在我們看看羅斯福是怎樣地善於運用他前任的政策。

（C）羅斯福的實驗——羅氏的恐慌原理——要明瞭羅斯福的政策，首先就要明瞭他用甚麽原理來解釋美國恐慌。胡佛認爲美國恐慌是一種週期恐慌。羅斯福認爲比週期恐慌的程度要更深些，影響也要更嚴重些。羅氏認爲美國恐慌實起於一般經濟的重新更正（Rajustement）。——譯者按 Rajustement 原係重新整理或更正的意思。在經濟社會裏，生產和消費，都沒有預算和計劃的。到了生產過剩時，總是恐慌來減低價格，縮小生產。所以，也可說是恐慌來更正生產的過剩。——這次更正的範圍，不限於美國經濟的各部份，且及於美國經濟和世界經濟間的各部份。

羅斯福的顧問們曾經說過，若從世界經濟方面着眼，應該承認美國最近的繁榮是僥倖偶然的環境造成的。歐戰時期，美國的農業工業都有顯著的發展。因爲歐洲各參戰國對美國農產品及機製品都有巨額的需要。

戰後的幾年，美國還是處在經濟的好環境裏。歐洲各參戰國在大戰終了以後，農工商業瀕於破產。爲要復興經濟，都到美國市場來買牠們的必需品。

美國國外貿易在戰後的幾年，既是這樣發達，內國市場也因此繁榮起來了。很多需要，都望着美國來滿足。尤其是建築工程，在大戰時停滯了的，都要從新動工，都望美國供給材料。美國出產品的銷場既好，各種企業的範圍自然也就逐漸擴張。工資也漸次高漲，勞動階級的收入增加了，內國市場的購買力，也因而增加。生產益臻發達，曾經使美國生產發達的僥倖環境，現在已沒有了。歐洲各國的經濟恢復以後，又漸次伸張牠們的經濟勢力，到國際市場來和美國競爭了。美國在國際市場的優越地位也漸次喪失了。美國在國際間既喪失了這樣多的銷場，對於內國經濟，就非大大的理整更正不可。

其實，美國經濟的應該更正，不僅就國外觀察爲然。在內國，還有不少的破綻，須得要彌補。在此還可以推演一個饒有趣味的經濟原理來。

在一個經濟條件自足的國家裏，繁榮不是單靠着物價水平線的上昇。只要牠的各部生產相互間能保持着調協的均衡狀態，經濟的繁榮是不難實現的。

吾人最好是不要認爲恐慌是由消費力不足而產生的！因爲每個消費者，必定首先是生產者。他的購買力是從他的工作及勞役的生產品裏面來的。每個人必須先用工作去生產，再把所得的生產品換成貨幣，然後用貨幣去換得他所需要的生產品來消費。所以，在經濟社會裏，徹底說起來，只有生產品與生產品相交易，貨幣不過作一中介而已。在購買力不足的時候，只能說是生產力不足，不能說是消費力不足。如果各種生產品都依着調協的比例到市場上來，相互價格也很調協，可以使各種生產品的全量交易淨盡，經濟就算走上了繁榮的路。旣沒有國貨，自然就沒有失業。但在反對方面，各種生產品間的比例一不調協，有的過多，有的過少，全體交易制度就變成跛行的了，經濟的繁榮就漸次減少。因爲在這種制度裏面，如果一般生活的水平線沒有下降，各種生產者的購買力是不當減少的。減少了就會有買不完的囤貨，停業失業的問題就來了。

歐戰以後，美國各種生產，都失掉了經濟均衡嗎？由羅斯福和他的顧問們看來，確是失掉均衡了。

美國農產品的價格，從一九二〇年以後，還沒有恢復到戰前的相當境地。即在一九二九年，美國最繁榮的時代，農民對工業產品的購買力，不過達到戰前購買力的百分之九十。恐慌以後每況愈下。一九三三年二月，美國農民對工業產品的購買力，與一九一四年比較，僅及百分之五十。有時一個農民把他的麥子交給運輸公司，運到某市場去售賣了的結果，農民所收到的不是一張匯票，而是一張通知單，說他的麥價還不夠運輸費。這樣貼補運輸費，就能把麥子賣了出去，總算漂亮的。有的麥子恐怕無論如何也賣不出去。這類事實，要不是根據美國農業部的官方報告，我們還不敢引來作例證哩。在這項官方報告裏，還有下列的紀載：

「我們的農業所以落到這樣不幸的境地，其原因都是由於各強國的經濟政策有些錯誤。美國也要算經濟政策錯誤的國家之一。歐戰使我們變成債權國。爲供給戰事需要，我們運了巨量的商貨到海外去。我們要想收回各國的欠債，除非收領商貨或勞役。但是我們又不願意這樣收債來整理國民經濟。我們要想收現款。甚至逐漸加高我們的壁壘，往往在收穫的時期，還拒絕外國商貨的輸入。其實，我們一向就只望外國人買我們的商貨，還我們的債，但是賣給我們的東西愈少愈好」。

美國農業部能夠赤裸裸地把自己經濟政策的錯誤公佈出來，恐怕看見了的人，至少也要受幾分感動。

羅斯福對美國恐慌，既有這種認識，究竟又用甚麼藥劑來醫治呢？他的主要藥劑包括在兩章法律裏。一章是關於農業的農村整理法（L'agriculture adjustment act,）一章是關於工商業的經濟復興法(Le national recovery act)。我們先討論農村整理法。在羅斯福政策中，這章法律雖不甚著名，可是最重要，而且最早。

農村整理法的原則是怎樣的？在這章法律的引言裏，很明白地紀載着，整理農村的目的，是要把農產品價格，和工業產品價格恢復到戰前的比例——就是一九〇九年到一九一四年那段時期的比例——其次規定每個消費者用他的收入來購買農產品的部份，也不要比戰前多。我總是感覺得這章法律的一切規定，都是在提高農產品價格。至於消費者呢，除了有些原則使他滿意外，實際上並沒有保證他的規定。我們且看看用來提高農產品價格的，是些甚麼方法。

胡佛曾經放了很多款去救濟農村。他只用勸導和宣傳來限制農產品的過剩生產。羅斯福的辦法卻要徹底些。他認為耕作地面積，應該縮小。誰有願意縮減生產的農人，可得一種補償津貼。不縮減生產，不給津貼。每年在耕種之前，即由農政部長估定應減耕地面積，按比例分配到各分子國，再分配到各地方。凡願意縮減耕地而得補償津貼的農人，都要經過法定手續，和國家訂定契約。契約上規定若干面積的耕地要荒起來，其餘耕作地不能比較往年增加肥料。

爲補償農民這項犧牲，纔給農民一些津貼。津貼的基金是在工商業方面加徵稅款得來的。既然要恢復經濟的均衡，那末，取一部份工商業的純收益來給農民，可算最直捷了。這項補償稅的稽徵方法，是仿照法國的營業稅擬定的。

這項稅對農產品只徵一次。都是在農產品第一次入製造廠時徵收的，徵麥子稅纔是在磨麵廠裏，徵棉花稅纔是在織布廠裏，以後對於麵包或布疋的販賣即不再徵稅。這項稅款也許可以轉解到消費者。但是絕不從農人手裏扣出來。我們且看看這章法律的初步效果如何。

關於棉花者　一九三三年的棉花產量，估定的是一千七百萬包。這個數量已經超過工業需要很多了。大致要剩四百萬包。加上陳棉一千三百萬包，美國共該囤棉一千七百萬包。美國政府就決定和農民訂定契約，只准收穫一千萬畝棉花，有四分之三的耕種地，都拋棄了。這四分之三的麥子，還沒有成熟就剷棄了。農人可收的效果怎樣呢？在恐慌以前，棉花的收成，平均每年有十二萬五千萬元。一九三二年降到四萬萬元。一九三三年，因爲棉價的高漲，補償稅的津貼一萬六千一百萬元，農民的收穫共有八萬六千萬元。比一九三二年增加了一倍。

關於麥子者　農村整理法頒佈的時候，麥子早已下種了。據政府當時的判斷，對麥子用不着採取對棉花那樣的辦法。因為有很多失業工人正苦於沒有麵包喫，要是把未成熟的麥子割棄了，恐怕會引起一些社會難題來。

到一九三四年，百分之八十的農人都願意訂立契約縮減產麥量。預計可以減少百分之十。美國的國麥或可由三萬九千萬斗減至二萬五千萬斗。美國政府老早就把補償津貼發放到農民手裏。農民少產麥子一斗，可得二角八仙的補償津貼。大約把能產麥一斗的土地荒棄了不耕種，可以坐得一斗麥價的百分之三十的補償費。補償費率可算相當的高。

事實上，農產品的價格和工業產品的價格，依甚麼比例而上漲呢？這想來是大家都會發生而且急於要得到答覆的問題。

農村整理法的初步成效到算很好。農產品的價格，由一九三三年二月到七月，漲了百分之六十。在同一時期內，農人所購買的工業產品價格僅僅漲了百分之七。農人地位由此就改善得多了。惜乎，這種物價比例，不能繼續維持。一九三三年十二月，農產品價格又往下跌了。和二月裏的價格比較，僅僅漲高了百分之四十。農人所購買的工業產品價格到十二月來卻漲高了百分之十八。

固然，在這裏我們也可以說農人所得的優越地位或許是由美金跌價而來的。但是，我們在法國所得經驗，總覺得一般商貨的零售價格，緊隨着原料品和農產品的價格而變動。不過，這個問題且留到後面來討論。我們現在只須考查出農產品價格和農人所購買工業產品價格間比例，到一九三三年年終時，已經由百分之五十變化到百分之六十。如果要作歸納推理，這還是一個有趣味的結論。

經濟復興法　要明瞭美國政府怎樣整理工商業，我們就來分析這經濟復興法。這章法律，由外國人看來，很像是國家社會主義的辦法。根據這章法律美國政府就擅用威權來規定勞動時間和工資。有時還要規定物價。好在這些並不是經濟復興法的主要目的，所以不能認爲牠合國家社會主義的性質。

一個外國人，自然不容易把這章法律的性質認識淸楚。因爲美國這次把勞動階級的利益保護得格外周到些。至於工商業方面的資產階級，立法者一致同意，要把他們的利益看得輕些。據一個自由學派的經濟學者看來，很可以說這章法律在有些方面見到了，有些方面沒有見到。我就把沒有見到這一方面向諸位解釋解釋。

本來，這章法律的頒行，就是限制托拉斯法 (Sherman act) 的廢止。限制托拉斯是極端保護資本的經濟復興法正正和牠相反而成爲一個保護勞動階級的勞工法典。

在限制托拉斯法施行期間，各種企業所處地位是怎樣呢？各種企業間，凡關於物價的決定，維持物價的下落，限制物價的上漲及縮減生產量等類的協同動作，都是在禁止之例。當經濟繁榮時期，各個人都在光天化日之下，有他的生存地位，自然可以暢行無害。但在恐慌時期，生產須限制，物價須維持，要仍舊實行限制托拉斯法的禁令，恐怕對社會就有些不利了。依照限制托拉斯法，定要演成肆行無忌的競爭。企業家忍痛繼續不斷的減低物價，總免得馬上關門。其他商人也緊緊地追隨着這種運動，纔不至失掉主顧。這就眞是美國人所謂「不要命的競爭」。

自由競爭的弊害，不單是累及企業家而已，勞動者也感受同樣痛苦。在這不景氣的環境裏，工作時間延長了，工資反而要低減。一張低價的定貨單送到企業家手裏來，他總是無條件接受的。接受之後，纔去召集一些已經失業的工人來向他們說：「我現在有一張定貨單在手裏，可以約你們來做一個月工。不過先要你們自願減低工資，我纔敢接受定貨單。工資雖低，總比沒有工資好一點。你們自己斟酌斟酌」。這類條件，失業工人總是要承受的。美國高工資的原理，就渺不可見了。談到高工資助長繁榮，更是空中樓閣了。

想來，一定有些企業家聯合起了，設法去制止有害的競爭。但是這種組織根本不合法，所用的制裁也沒有甚麽效力。他們只能聯通了銀行，對低價售貨的企業家不要放款。

最令人驚異的，要算美國最高法院。本來是個保守性十足的機關，他却最先明瞭美國這種境況，不應該延長下去。并且預先就給經濟復興法開闢了途徑。經濟復興法公佈的兩個多月以前，最高法院就下了一章著名的判詞，認爲限制托拉斯法是不適用於恐慌環境的。并宣告組織加特爾來規定商貨售價是合法的。這裏，可算是判決例案在法律之前。

我們再來分析這章法律，看他的目的安在。草擬這章法律的動因，彰明較著地要把有害的競爭改造成有利的競爭。而且要把這種政策盡量地擴張到需要所在的地方去。

我們應該承認，這章法律，雖自稱帶有社會性，却一點也沒有革命性。在牠的一切辦法當中，可以找出一些最大膽的行動嗎？我們試去找一下。

牠的一切辦法，始終都不過規定各種工商業的忠實競爭（Loyale concurrence）而已。那末，最低限度，這章法律是出於政府方面的強制行動嗎？一點也不然。這章法律，都是採取工商企業家的動議，再交由大總統通過而賦予法律上的效力罷了。只有在一個企業不服從法律的時候，大總統經過調查之後，可以選定一種辦法來強制他們服從。

其實經過羅斯福簽字的一切法律，都是由私人動議的。政府從沒有拿牠一方面的意思來強制過。我們且進一步來研究這章法律的內容。看有些甚麼條文來規定忠實競爭。

牠的最重要的條文就是在規定『本法律的連署者，可以自由聯合起來，規定生產量和物價』。但在事實上，這類的組織只有一個。——關於規定價格的——其餘企業都只願限定牠的貨品的售價不比原價更低就完了。

此外還有一個比較重要的條文規定着『凡遇外國輸入品的價格太低，競爭太烈的時候，工商企業可以請求大總統的援助』。大總統可以加高關稅壁壘來防止輸入品的競爭。

末了，這章法律，逐處都有保護勞工的規定。規定勞動者以後訂立勞動契約，或經勞動團體的介紹，或直接向僱傭者交涉，都可自由選擇，不受拘束。這章法律並且規定（一）每日及每星期最多工作時間；（二）各種工作最低工資；（三）計件工作的最低工資額；（四）婦女工作規程；（五）禁止若干年齡以下的童工。

在這些保護勞工的條文裏，除了最低工資的限度一項外，其餘一切規定，都老早就可在法國勞工立法裏面找得出來的。所以，我們應該承認『只有編製這章法律的人們所主張的經濟理論，纔可算有新的發現』。

把他們的理論概括的說起來，就是『美國工商業的發達是由美國人生產力的發達而來的。因此，無論如何都應當增加生產品的銷場。要得到這種結果，是不是就應當增加美國人的購買力呢』？從這裏更可得到一個結論說：要想超出恐慌，除非增加工資。

我們且看這個理論在事實上怎樣演變。從表面上觀察，這個理論似乎成了功的。據統計數字看來，鋼的生產，在一九三二年，僅達到能產量的百分之二十；現在已增加到百分之三十四。今年的建築工業和去年比較，增加了兩倍。去年十一，十二兩月的汽車銷售量和前年十一，十二兩月比較，已增加一倍。今年各零售大公司的零銷量比較去年增加百分之十八。去年十一月裏，有工作的勞動者比較去年三月增加百分之三十。各工廠裏，發薪單的數目，比較最低時候，增加了百分之五十。

無疑地，美國經濟是恢復了。只是，我們最要注意的是下面的問題。美國經濟的恢復，是由於新的經濟政策嗎，抑或是由於美金的跌價呢？是由於統制經濟嗎，還是由於統制金融呢？

你們知道，這樣的問題，要得到一個絕對的回答，是不可能的。我想，我們可以說『把美國經濟恢復的原因都歸納到統制經濟上面，未免過分一點』。我們看見美國農產品價格增加了百分之四十至六十。農民的經濟地位，實際上僅改善了百分之十。勞動者的地位也是這樣。在經濟復興法未施行以前的工人收入和施行後的工人收入比較，不過增加百分之九。而工人需要購買的貨品價格，也同樣的增加了百分之九。可以說，在事實上，工人的購買力並未增加。只是從前失了業，現在又恢復工作的勞動者算是增加了購買力。然而那一部份的恐慌是由購買力的增加而改善的，那一部份恐慌是由美金跌價而改善的，絕不能確定的把牠剖析出來。

據個人看來，美國事實的本身，對這個問題，就已經給了一個答覆的。要是美國政府有充分的自信心，認爲統制經濟政策就完全可以使恐慌停止，那末牠絕對不會再用美金跌價的政策來救濟恐慌，因爲這項政策雖說更容易收效，可是危險性也要更大些。

其實，照普通原則說起來，在許多國家裏，如果國家的威權，能夠施行一種最完善的統制經濟政策，金本位的維持，應該是國家政策的結論。定要有價值固定的貨幣，政府的經濟計劃纔可以充分發展出來。

在這裏還可以得到一個有趣味的問題來，就是去考求『統制金融政策的採用，是不是統制經濟政策，在一個產業發達的國家裏，收效不完滿的反證』。這個問題，有時在學術方面也許是很有價值的。

我們現在，對於統制金融問題，再來略加討論。因爲這是個著名已久，大家都知道的問題，所以取材就從略。

二 美國統制金融政策 (La monnaie dirigée aux états-unis)

我們這裏所說的統制金融，僅指羅斯福總統的一段實驗而言。事實些想來是大家都知道的。一九三三年三月五日，羅斯福就頒佈了金禁口的命令。美金馬上就跌價。不久，又恢復了本位價值。四月十九日美國總統又宣佈停止金本位，美金又逐漸跌價。由十八佛郎跌至十七，十六佛郎。美金為甚麽要跌價呢？就理論上說，美金是沒有理由要離開本位價值。然而事實上卻是跌價了。這『事實上要跌價』，在美國資本家的眼中看來，就是美金跌價的最充分的理由。美國總統既是決心要使美金跌價，美國資本家當然要把資金運到外國去。美國政府既是要使美國匯價低落，對於資金的輸出自然也就不禁止。只是美國資金因為向外流得太急，反轉蹇滯起來了。有許多人顧慮到美金一旦跌到十六個佛郎，恐怕又會有不少的資金要流入美國。因為美金本來不應該下跌的，偶然跌到這樣低，將來定要回漲，於是就有很多的人爭買美金，美金就會高漲。所以在美金價格低落之後資金又流回美國。垣街（Wall street）又變成華盛頓的神秘地方了。

美金的漲跌，既是由一般資本家的心理變化，美國總統就想法子來引導一般心理。決定每天在華盛頓宣告收買金條的價格。於是金條只能留到政府所宣告的價格。價格若不是美金高漲，金條就絕無高漲希望。

美國政府這種宣告，可以向兩方面發生作用。（一）如果政府宣告的金價，在一定時期中不向下跌，——例如在一定期間，政府宣告的金價都是每盎斯三十四元——美國資本家定會認為金價的固定大概是為時不遠了。資金又向紐約回流。美金又漲價。

（二）為要發表這項宣告，華盛頓就該先有這項決定。在政府宣告的前一日，這項決定是絕不可少的。一九三四年正月，就是在這種條件之下，把美金價格暫時穩定到十五佛郎零七生丁的。我知道諸位在這裏定要發生疑問說這種暫時的穩定，究竟是否確實穩固呢？

我很想尋一些材料來回答這個問題。惜乎，這種回答，僅僅是一些想象。只有羅斯福總統纔能夠作一個圓滿的回答，因爲只有他手裏纔有充分的金融權威。

要使美金跌價的理由有兩種。一種是對內的，一種是對外的。對內是因爲要使物價高漲。對外是因爲要便於和已經跌價的金鎊競爭。

（A）就內國方面觀察，美金的跌價，眞可以使物價高漲嗎？我稍緩就要談的，美國的物價並不會和美金現在的跌價成比例而上漲得很多。即使把美金現有的價格穩定着，物價也很有上漲的餘地。美金再跌價，就一定可使物價上漲嗎？恐怕還是可懷疑的。

此外，匯價的變動，直接只能影響到輸出品的價格。而輸出品在美國貨品中僅佔小部份。至於其他物價，只能間接受美金跌價的影響。或有一般社會心理估計在美金跌價之後，美國將要發生通貨膨漲。心理的原因，也許可以影響物價。

然而，美國卽使需要通貨膨漲，也用不着採取美金跌價的政策。美國紙幣保證金中，現金佔百分之四十。只須把這項現金比例，稍稍減低一點，也就可以變更通貨流通量。把保證金由百分之四十，減到百分之三十，比較把美金價格由五十九分跌到五十分（de 59 cents à 50 cents），對通貨所生影響，定要大些。

（B）現在我們再從國際方面觀察。自從美金價格穩定爲五十九分以後，金鎊價格也從五個美金零幾分，跌到四個美金零八十九分。英美間這種匯價，對於美國是很有利的。在這種條件之下，美金的競爭能力是可以勝過金鎊的。因此，只要金鎊不跌到舊有平價之下——即不到每金鎊四元零八十六分之下——美金是很可以穩定着現有價格，用不着再向下跌的。美國金融政策，前此都是很謹嚴的把美金價格穩定着。這次的跌價政策，純然是爲應付金鎊的競爭而採用的。所以美金價格剛剛固定的時候，美國對外貿易就無限制的進行，並不顧慮到將來美金價格的變動。

爲了這種種理由，美金價格的穩固，現在雖含有臨時性質，最近的將來，定會變成確定的穩固。美國的統制金融政策，還引起了別的一個問題，就是美國物價隨着美金的跌價而變動，究竟依的甚麽標準？關於此點，有許多東西是應該認清楚的。如果我們所考察的物價，是用金鎊表示出來的，自然這些物價的上漲是和美金的下跌成比例。可是，這種變動沒有一點兒意義。這僅僅把美金的物價折合成金鎊就完了。我覺得巴黎有許多統計是錯誤的。他們記載美國物價和通貨膨漲的時候，每天只是記載一些棉花價格在三月裏是六分，現在漲到十二分了；麥價由四十八分漲到九十分了；橡膠由三分漲到十分；銅由五分漲到八分。

要是不看這些有金鎊價格的貨品，去考察美國全體貨品的批發價格，就可看出這些物價指數，由一九二三到一九二五年是以一百爲基礎；一九三三年三月到現在，即由六十漲到七十二。由此觀之，美國物價還沒有漲到百分之二十五，而美金價格卻跌了百分之四十。至於零銷物價，不過漲了百分之十八。

根據這些統計數字，可以看出美國統制金融政策，自然對物價也有些影響。但是定要認爲美國物價的高漲，全由美金的跌價，卻又未免過甚了。

到了現在，美國的統制金融政策又別開生面了。美政府增加支出，以爲支出增加了，購買力也會隨着增加，恐慌也可救濟了。照美政府的計劃，到今年六月，就該有六十萬萬美金的開支。六月十五日以前，美國有四十萬萬元的公債到期了。這次六十萬萬元的開支，又只好從公債上設法。這幾個月中，美國政府要借入一百萬萬元纔夠開支。美國公債在一九二九年，曾由墨倫先生（M. Melon）縮減至一百六十萬萬元；現在增至二百二十萬萬元；不久又要增至三百二十萬萬元了。

這些都是聯邦政府的公債。若再加上各分子國和各地方公債，大約共計一百九十萬萬元，美國全體公債，共計要到五百萬萬元了。這個數目比英國公債還要多一點。英國公債（地方公債包括在內）共只有四百七十萬萬元。

一般人的認識，多以爲公債多的國家，歷史一定久遠。美國有了這些公債，也應該被承認爲老國家纔合理嘞！

結論

諸位女士和諸位先生，我這次被邀來談的美國實驗，已經盡量地說明了。在結論的時候，我順便要供獻幾點意見。希望批評這種實驗不遺餘力的人，和認定這種實驗是開了資本主義的新紀元的人，都加以注意。

首先，對於這些批評者，我要引論幾件事實。美國四年以來，就遭着一種苦痛的恐慌了。牠的緊縈的程度有怎樣盛，牠的困苦的程度也就有怎樣深。爲了解除這種困苦，美國政府不能不採取一些謀公共幸福的政策。只是不會顧慮到這種政策，對於世界經濟會引起許多困難問題來。美國人有整個計劃去賑濟自己的能力，在這次的實驗裏，已經充分表現出來了。只是在這些政策裏，從沒有一種經濟科學方面的進取精神。美國人從沒有想到要把這種實驗作爲典型來輸到外國。不似歐洲東部的幾個大國，常常想把牠們的經濟學說灌輸到別的國家裏。

並且美國這種實驗，只能算臨時辦法。這不過是攻打臨時恐慌的武器。經濟復興法的有效期間只有兩年。凡是我引來的法律，都是些例外的法律，都是適應公共利益的需要的臨時法律。在制定這些法律之先，總是有一個民族危險的宣言（Declaration of emergency）。

美國實驗，雖然是含的臨時性質，牠究竟有沒有變成永久制度的趨勢呢？我們回想到美國歷史，就知道美國人民是由英國移殖來的。他們因爲在歐洲舊地不能得到充分自由，所以纔去尋覓一個自由地方。這類的人是很不容易放棄他們的權利的。他們遇着公共危險的時候，也能暫時放棄權利，因爲他們是一些墾荒創業者的後裔，很知道戰勝困難的要訣。但是困難一過，自由又變成他們的首要權利了。這樣酷愛自由的人民，恐怕不容易採取一種永久的制度來限制他們的自由的。

這不過是個人的管見如此。可是，我也絕不相信美國這種經濟趨勢就會漸漸變入共產主義。也許，脫離了這次恐慌之後，經過一些不能避免的反動而追求更大的自由，美國又變成老大國家，倒是很可能的事。美國將來或許負債很重，也和我們所深知而又可隨便談論的幾個國家一樣。牠們將來也許會感覺到預算均衡的困難。牠們將來或者有許多東西類似有利息擔保的鐵路基金。牠們將來定會有經稅利農的經濟制度。有時由政府來規定麥價，也是很可能的事。

概括言之，我總覺得美國經濟類似法國經濟的程度比較深，而類似蘇俄經濟的程度比較淺。

對於有些人，想把美國統制經濟政策，整個的輸入法國來救濟恐慌的，我也很想供獻幾點意見，供他們參考。首先，構成美國恐慌的條件，是和構成法國恐慌的條件根本不相同的。在美國是私人的負債使經濟不健全，因而影響到美金的跌價。在法國，私人的負債還不算過多；國家財政卻是急待彌補的。我想，總不會是農人的負債，要逼迫我們變更佛郎價值罷？

對於一般很想仿傚美國實驗的人，最低限度，我是願意勸他們盡量仿傚的。只是羅斯福的實驗，開端就是一種巨額的預算緊縮政策。他把參戰軍士的年金裁減了四萬萬元。最少的裁減率是百分之二十五。最多的是百分之五十。羅斯福的工作就以縮緊預算爲着手處。並且是有意這樣開始的。因爲他早就計劃到，在復興美國經濟的時候，定要發行巨額公債。在預算上縮減下來的款項，就是用來應付這些新公債的。其他國家，在這類條件之下，是否可以仿傚羅斯福的政策，很值得詳加考慮的。

諸位女士和諸位先生，我的結論，是主張『對美國實驗，不應該盲目地加以批評。應該把牠澈底了解，我們卻是用不着去仿傚這種政策』。

經濟學和財政學都只能算半科學。其他一半，須得用人類的心靈和本能來完成。所以，應該留心到，外國在應付牠的固有環境的時候，必需解決的，有些甚麼特別問題。就反面而言，把別人配好的藥劑，整個地運回來醫治我們的病，定曾弄得藥不對症，無益有損而後已。能夠救濟法國困難的，還是只有我們自己的心靈和本能。

茜弗利先生致謝詞　一九三四年二月十九日

諸位女士和諸位先生，現在我依照舊有習慣，起來向慕尼克先生致謝詞。爲表達我們的謝意，我只好把我們剛纔聽演講所得到的印象略爲談談。

這次的演講題目，是一個極複雜的問題。我們自信，得着一個熟手和一種清明知慧的領導，纔歷盡此中曲折。淸明是法國人的特殊品質。因爲慕尼克先生有這種特殊品質，所以我們很容易的就能明了這樣複雜的美國經濟問題。對我們有這樣大的供獻，那怕聽衆已經鼓掌致謝了，我還要代表他們重申謝悃。

我很慚愧還在這裏嘵嘵不休。不過，總是因爲依照舊有的尊嚴例規，還要繼續談幾句。談談美國嗎？好像也用不着。因爲我從前對這個問題已經談得很多。今天呢，我彷彿沒有資格再談，因爲離開美國已經四年了。高明的人，總是要親眼看見過的東西他纔談的。好在，一九三〇年以前，我曾經看見過美國；我的腦子裏曾經留下一些很活躍的印象；並且曾經得到許多有用的學識。

一個從沒有到過美國的人，在一九二四到一九二九年，美國繁榮極盛時期中，去到美國，是多麼容易受騙呀！到處都聽見說很穩定的金融；隨時都聽見說惟一無二的繁榮；說到恐慌呢？都說不會再來了，至少，最近總不會發生。

一九二五年，美國的非常繁富剛剛開始，一般輿論就認爲，經一九二一年恐慌之後，現在要算繁榮又來了。輿論雖是這樣認定，但是總不能不有幾分懷疑，因爲繁榮所以來的確鑿理由，還沒有發見。照規矩說，美國農村經濟沒有復原，繁榮是不會穩固的。當時美國農村經濟並未復原，所以美國只管繁榮，並不問問基礎是不是眞的穩固。其實否認美國的繁榮，就是時諺所謂『不信電燈會發光』。即在一九二九年十月，垣街的破產前一日，美國社會的安寧，還是完完全全的，毫無破綻。我記得在美國恐慌爆發的前四日，我同紐約一個大銀行的高等顧問晚餐，我曾經問過他：『美國下次恐慌應該甚麼時候來？』別人回答我說『閣下還沒有趕上時代。我們地方以前有十年一週的恐慌，現在卻已失時效了。我們相信與其受恐慌與繁榮的輪轉，不如每三四年作一次經濟更正。你看，一九二一年的恐慌以後，一九二四年，我們作了一次更正。一九二七至一九二八年又略加更正。我們現在到了一九二九年，閣下以爲恐慌在我們的前面，殊不知已經在我們的後面去了』。

有這類認識的人，都以爲美國恐慌的重來，是子虛烏有之事。我覺得經濟事實上的衝突還不算最厲害。心理上的衝突尤有甚焉。就這樣想着能想着人是不死的！但是也要覺察到人和自己都有死的可能，也和其他的人是一樣，也和大戰以後，性命微賤的歐洲人一樣！這是最確實不過的，因爲美國人信心他們的繁榮，經過五年之久，那怕繁榮已經不存在了，還不願打銷他們這種信心。並且，一味依隨着不根據理想的樂觀意志去想法子戰勝經濟的崩潰。如果在美國人的方法中，你忽略了他們這一點天性，你就會認識不淸新大陸心理固有的一種特質。在羅斯福的政策裏，這種興奮元素要算最重要的推動者。爲要使發動機從新運轉，一般人都希望着這個促進者。在羅斯福的工程完了，我們可以很冷靜的評判他這種偉大努力，究竟有些甚麼成效的時候，我們須得問問這種興奮劑的效力是不是比促進者要更大點。據個人的臆測，我們和慕尼克先生也許應該認爲美金跌價的影響比其他任何政策的影響都要大一點。

然而，任何人去考察現在的美國，都覺得他的對象裏有一個統治經濟的學說。幾個禮拜以前，一個有知識的美國人曾經告訴我說：「你願意了解美國政策嗎？請把亞丹斯密忘去，請讀馬克斯的書」。這種說法是很有用的，只是有點欺騙人。照這種說法，我覺得談到福特的合理化，就該要引證笛卡兒了。這樣我也許就錯誤了，因爲我恐怕福特連方法論都沒有讀嘞！說到羅斯福學過馬克斯沒有，我一樣的懷疑。卽使他學過——因爲他是受過充分教育的——他受環境的影響恐怕比受學說的影響要大些。他開端不是就實行巨額的緊縮政策，和他以後一切政策的意旨相反嗎？凡是一個人談到政策的原理，尤其是關於新地方的，就應該特別謹愼一些。麥廷先生（M. Albert Metin）批評澳洲，說那裏只有一些無學理的社會主義。這種方式很公正，很可借用來批評一個新起的社會。

可是，那怕就沒有統制經濟的學理，羅斯福也得要實行他的統制經濟。不僅羅斯福一人爲然，實際上，全世界都在急起直追。所以我們的主席畢加爾先生特別把統制經濟選來作我們同學會今年的講演題目。這個題目倒也有趣。依我看，這大概是因爲牠很能標明十九世紀到二十世紀的過程。就二十世紀的進步而言，彷彿已經過這一世紀的三分之一很遠了。至於十九世紀的精神，習慣和思想，又似乎還沒有完全結束。

我並不願引古自重。不過我生在十九世紀，知道當時一些風土氣候。我談十九世紀，還不至於根據社會傳說和歷史家的敍述。我敢說這個世紀還不可過自誇大。無疑地，在物質文明方面，關於專門知識，有很偉大的進步。但是，自由主義，不能說沒有遇着一些阻撓，尤其是十九世紀的末葉，老早政治方面的國家主義的危險性就顯著了。其咎彷彿是在十九世紀。這是的確的。不過我們居今觀昔，橫順覺得十九世紀自然是發明了政治方面的國家主義；至於經濟方面的國家主義呢，把十九世紀一切工作拿來和現在比較，都只能算兒戲罷了。

我的父親，是個老自由黨，又是一個商埠的議員。他認爲麥苓先生 (M. Méline) 是一個有危險性的人。可是，等我去把一八九二年的稅率拿來和他的稅率比較，我不能不承認麥苓先生對我們還是用的自由黨的面孔。要是退轉去五十年來觀察，一八九〇年的社會，就確已組成一個國際的重商共和國了 (République mercantil internationale)。這種制度，曾經霍立衞先生 (M. Elie Halévy) 討論過，并且曾在英國自由政策的讒庇之下進展。這個時期的經濟條件，有貿易的相對自由；金融的穩定；人民在國際間移動的便利；尤其是國際條約的固定性，現在我們對這種固定性的習慣都已失掉，并且幾乎連觀念都泯滅了。

一般人都想在自由的成效上，——由自由主義產生的繁榮——重新建築經濟的均衡，現在這種成效不再發生了。社會所有的範圍，都被民主政治使牠們逃出供求自然律的支配了；國有企業也在逐漸脫離這種支配；這種企業要肯依着常軌，就沒有存在的餘地，其所以能存在，全是依靠國家。各地方都是深溝高壘的防範經濟潮流。這種國家主義的防範，應付十九世紀所謂自然現象，是最有效的。有的還說歐戰都是這樣演成的。麥苓肯利和他們那一個時代的人些，差不多不懷疑這種說法的可能性。關稅防範不了的，再用直接稅，直接稅防範不了的，再從匯價上設法，總要達到目的。這種阻撓的結果，令人對於這時代的專門知識的非常進步和經濟的非常繁榮，都感受不到好處。由此而談，正如時諺所謂「我們不要以暴易暴；」我們要應時求進步。我們覺得我們這個世紀確有驚人的進步。略有微嫌的，只是，『這個時代的經濟思想不是有些像十七世紀嗎』？——重商干涉主義時代

法國雖富有批評精神，而傷人的程度，遠不如趨新自惑的國家。一方面，我覺得這是差堪自慶的一點。他方面，我很怕我們的批評精神，混雜舊習，不能超然大公。關於政治方面，我們已經失掉發明家的資格。世界上政治思潮的鼓勵者，現在已經不在法國了。我們對革新家的態度，往往過於懷疑，否則過於譏刺。然而這些革新家，不管我們的愛憎，總是堅持到底，並且有時達到成功境地。所以，我們應該悚然自恐的，就是：我們說不可能的，畢竟實現了；我們說含臨時性質的，畢竟表露永續性質了。在我們方面，我不要求有同情心，只要求有了解力。別人也不需要我們的贊可，只需要我們的了解。我們應該先能充分了解，然後再去批評。關於此點，這類的講演，是能格外幫助我們的。

德國統制經濟

馬爾茜利先生（M. de Marcilly）致歡迎詞　一九三四年二年二十三日

諸位女士諸位先生，今晚上，我本來不該佔這一席的，僅僅因爲貴會過於客氣，使我不能不勉強承命，抱歉極了。我實在沒有一點理由和願望，來佔據這一席。首先，我感覺到主席的權貴恭重，第一次演講會由某人任了主席，第二次的繼承者應該是預定的纔好。其次，我就追溯得更遠了，我回憶四十五年前，在這個教室裏，曾經聽過淵博無倫的教授，涉莉先生（M. Albert Sorel），在這個講座上演講。

末了，我這次勉強承命，還好在對於今晚上的講題，我所負的職責很有限，聊可自慰。我對於德國的觀察太簡短，而且早已失卻時效。所以對於這種繁重的學術問題，絕不容易作有益的貢獻。差幸我的任務很簡單，只是來和諸位介紹一個講演者，這個講演者又是諸位一向就認識的。

我在柏林遇見黑爾曼先生，正在他考察德國的工作開始的時候。撫今思昔，佳興宛然。對於稊諾爾先生（M. Tirard）在德國所完成的使命，諸位一定知道其中的問題是怎樣纖維，環境是怎樣困難，成績是怎樣有價值。墨爾曼先生要算穆諾爾先生首屈一指的合作者。黑爾曼先生第一次和實際的政治社會接觸，他在理論方面的預備工作，就非常精美完善。本來，理論和事實是相差很遠的。可是在他的工作當中，最可貴的成功是他在實行之先，就能使思想澈底合理，不與事實相背。

黑爾曼先生在德國駐了八年，都是在穆諾爾方面任職。回到法國以後，仍然繼續去研究他所熟習的問題，這種精神，在他所發表的很多而且很有趣的文章裏，都可以看得出來。所以我們趁他回來，請他來講這個問題，算是最適當不過了。我現在趕快讓他來談罷！

黑爾曼先生（M. Max Hermant）講演詞　一九三四年二月二十三日

諸位女士諸位先生，馬爾茜利先生是一個傑出的外交家，並且是大戰後法國駐柏林第一任大使。我雖是經他的介紹，又承他的知慧的指導，和盛意的策勵，我終是不敢自信，在這樣多的師長前面能夠談得上任何一個學術問題。因爲這些學術，都是能夠，而且須得由教授們加以保證的，惟一可以使我安心的，只是我的題意的含混。這並不是不情之語。既然是只須在暗昧的森林中開幾條小徑，我也就不妨試來介紹幾條研究德國的路線，供諸位參考。

談到統制經濟，我們可以一望而知其爲德國經濟的本質。在德國企業家的論調裏，關於經濟問題，只須簡簡單單地把日耳曼主義的定義繙譯出來，就是統制經濟。統制的意力實爲德國唯力主義（Dynamisme allemand）亦可譯爲德國物力論）的主婢。組織的意力，實爲德國國家主義（Nationalisme allemand）的思僕。這兩種意力，要算中歐一切企業的主要鼓動機。這些企業在中歐已經有了七八十年的進展，幾乎擴張到了全世界，都是由日耳曼民族在經營。這個民族的本能是清明到極點。牠的原有的民族性，還沒有纖毫變改。對於統治的意力和組織的意力，我們應該在德國現代史中去研究牠們；並且去分析他們是怎樣配合和怎樣構成。其次，再去搜求牠們的德國固有特性，分辨牠們和我國的統治經濟學說有些甚麼異點。最後，有了德國經濟的底稿在我們眼裏，再去看看，如果我們用冷靜不偏的頭腦來觀察這類事物，應該發生一些甚麼自然的反省。

第一個顯而易見的論據，就是在國家社會主義還沒有降臨以前，組織的意力是永續不斷的；統治的意力是偶然的。

自從十九世紀以來，無論在法國、英國、美國，加特爾和托拉斯被一般人都認爲是有罪的企業；操縱物價的組織要受法律制裁；壟斷糧食，一經發覺，立刻就要引起恐怖；這種恐怖心理是由恐懼和怨恨所合成的。德國則不然，努力去把大部分生產力都團集，聯合，組織起來。

從一八六〇年到一九一四年，資本家的聯合組織，不斷的在進展。遇着一八七三年的恐慌，牠們就引用保護政策的論據；在一八七九年的保護制度之下，牠們委身去盡量利用高關稅率的利益。這類聯合組織，起於原料生產者，逐漸擴張到製造企業。在二十世紀之初，統計加特爾的總數是三百八十五。不久就有了些大聯合的組織，如鋼業加特爾和煤業加特爾之類。在資本家的聯合組織旁邊，企業合併和聯合管理等集中運動，也在與時俱增。如漢堡（Hamburg）和萊朗（Rhénan）的火藥製造業；愛爾樸（Albe）的航運公司；努連堡（Nuremberg）的製刷業；些都各各聯合起來了。德國無論在甚麼地方，都有一種普通觀念，認爲競爭總是有害的。然而一般人常常提倡說要增進消費者的利益。聲言爲消費者的利益，纔把生產聯合組織起來。一點也不說是爲生產者的利益而組織生產。儘管不說，這種觀念確實是存在的。在統治威廉第二的帝國（L'empire de Guillaume II）的學說中，這個觀念是有牠的地位的。並且牠的地位還很重要，當權的人，無論在政治方面或經濟方面，都認爲德國工業的偉大發展，就是民族的勝利；德國最高利益實繫於製造業的繁榮。從這裏可以看出德國有一個新階級，就是『生產者的最上權』。生產者不僅不是爲消費者謀利益，反把消費者當作工具，去謀他自己的發展。這樣地顛倒這種觀念是易若反掌的。但是，在德國只有握大權，可計劃的中心人物，纔這樣顛倒這種觀念。對於社會，並不公開的這樣宣傳。因爲德國還不敢突然挺進的和普及全世界的習慣作反對。牠只是謹慎進行。牠只是埋頭實幹。

加之，德國這種努力，在當時，雖說有些外國人都認爲在經濟方面可以開新紀元，雖說有許多沉沒在自由主義潮流的外國人和德國的反對派，把牠攻擊得格外顯著，牠終是格格不吐的樣子，不能冠冕堂皇的突飛猛進到了今天，我們帶上一九三三年的眼鏡來看二十世紀初葉的德意志，可是看得清楚明瞭了。

舉個例就可以把往事說明。一九〇八年，普得士參謀部長想到，一旦戰爭起了，德國可以和英國的海軍開戰，可以受英國海軍的封鎖，可以受饑荒的威嚇，就以爲是他的職責所在，請求政府預防這種意外危險。對這個問題，當時有兩派意見。一派樂觀者，以爲戰事期間一定很短；一派悲觀者，以爲戰事期間一定很長。前一派以爲只有三個月。後一派是和謨爾克（Moltke）同派的，主張爲有備無患起見，應該準備十個月乃至一年的戰役。在這兩種假定之下，就應該考察德國的人民和軍士，是否可有充分的給養，能夠保持到不作亂的程度。因此，政府最先就得要統計麥子的儲積量並要確定在備戰期間應該輸入的食糧數量。然而內政部長很明確地拒絕去作這項統計，恐怕這種奇異的調查傳入民間，引起人心最嚴重的惶惑。由此可見，一般心理對於「準備軍糧的組織國家化」的觀念，還相距有若干遠。並可想見一個大國家的人民是怎樣不願意服從糧食集中的命令，和相類似的一切集中組織。這個回憶使我們想見一個現已不存的社會。

瀏覽到工業的範圍，也可得同樣的象徵。當歐戰初期，即在德國，國家也絕少參加經濟行動，以至關於極重要的原料品，國家都沒有統計文件。對於這些原料品的儲積量和需要量，都茫然不知。然而，這些原料如果有一樣缺乏，關於火藥、炸藥、武器、軍糧等的製造所就有停造的危險。繼後，纔緩緩地把參與製造軍用品的工廠統計起來，列成表冊。隨着又纔用合理的方式，把定貨單分配到各工廠。禁止許多工廠的製造，因爲牠們的出品並不是社會所必需；所用的原料品又應該節省的。並酌令各實驗所使用替代品，劃定緊急必需的實驗範圍。限定各個人每日食糧。這些浩大的組織工程，都是受了需要的壓迫，纔完成了的。常常都在二者不可得兼的需要當中，選擇一種。定要把煤炭和牲畜運到巴爾幹或瑞典，纔可以換回火油鋁或鋼等急需品。然而煤炭的輸出，對於軍備的製造軍隊的實額，和私人家用的煖氣等皆有虧損。牲畜的輸出，對於軍糧民食皆有不利。在各種情形之下，孰利孰弊，孰去孰取，都得詳細權其輕重。在許多犧牲者裏面，必需選擇一個保留者。德國經濟的「組織」，就是應這個選擇的需要而誕生的。所謂經濟的組織也者，不過是一些對於「窮困」的專門分類法而已。

雖然有這許多嚴流的追促，雖然在全民族都會集戰事工作的時候，有特殊的社會心理，雖然有許多特殊的通融處分來改正通律，雖然這種組織的意力，就是有這樣大的成效，在學理上卻還沒有融成一個完整的體系。德國在這個慘苦的時期中，還沒有達到「把整個經濟囊括起來，像對軍隊一般的指揮支配」。直到歐戰終了以前，雖然成立了很多的組織，而他們的內部分子，往往意見分歧，因爲有的隸屬於參謀部，有的隸屬於聯邦政府的各部，或隸屬於分子國的各部。他們繼續不斷的進展並且盡力謹衛他們的特權。他們雖同在最美善的民族精神裏面，有時因爲各有成見，還是不免要發生衝突。就是陸軍部的本身，也還沒有達到真正的經濟獨裁(La dictature èconomique)。尤其是關於物價的限定，那怕就是對少數的糧食，在德國戒嚴令封鎖起來的國境以內，也沒有獨裁得了。

因此，吾人可以毫不遲疑地斷言停戰條約一經簽字，「有組織的經濟」不過是戰時經濟的別名，由德國人看來，僅僅是一種異物和一種奇想。一九一八年以後，是怎樣的沒有進步呀！但是這種現象，若經過仔細分析，也有可以自解的理由。

在大戰終了後不久的一段時期中，組織經濟的意力，就不見得是促進社會進步和科學進步的方法，而成了在內國角逐政權的工具；也不管採用甚麼制度，也不管甚麼黨和甚麼人來掌握德國的新生命。即如社會民主黨，政權一到了手，在議會裏辯護大工業的組織形態 (Les modalité de la planwirtschaft) 失敗了以後，並到就想轉敗爲勝，於是乎把他們的勢力組織得異常強健，去強迫別人出席而自己佔優勝地位。

因此，這些有橫的組織的大工業，把出產品相同的農業和工業聯合組織起來，已經成了功；在對方，有縱的組織的大工業也就應運而生。所謂縱的組織，就是把對一種貨品生產相承的各種企業合組起來。例如對於布疋，就把農公司，紡織公司，售布商店等合組成一個公司。在一九二〇年前後，大規模的康士倫（Konzern）日見增多。關於這種擴大的組織，法國這一點觀念都沒有，德國這種擴大組織在一九二一年世界大恐慌的時候，反轉格外繁榮。他們習用一種金融的傾銷政策（Dumping monétaire），各地市場感覺他們這種力量好像是不能戰勝的。於是，在德國經濟裏面這種組織的意力，看起來很像是一種強權的意力。在他們爭奪國際市場的時候，這種意義就表露得很明瞭，恰和他們在內國爭奪政權一樣。

德國組織的意力，既得到優勝地位，就不能不繼續牠的進程。加以時機的湊合，隨着就變成了國家強權的意力，爲全德國謀利益，而與其他國家立於對峙的競爭地位。

所謂好時機，就指德國幣制改革期間而言。這次的改革，起於一九二三年年底羅耳（Ruhr）的抗債工作終了之後，其完成是在一九二四年道威斯計劃（Plan Dawes）實行之初。德國組織的能力，在馬克價值混亂的時期中，既能控制通貨膨脹的紛亂，所以在牠的腳下，馬上就尋着一個穩固的立場。此時，在法國方面，也受幣價不穩定的恐怖。英國方面，也苦於受了社會的非常不安。只有美國，看起來，還像繁榮的樣子。德國人採取美國人科學化的工作組織，即所謂推拉制度也者，加以更正，把牠變成德國的格式。要想用來使德國的生產組織合理化。由一九二五到一九三〇年，德國所實行的統制經濟即策源於此。這次統制經濟的廣大，精確，完善，和失敗，在世界上都差不多是惟一無二的。

爲明瞭在大戰終了的七年以後，德國人歡迎這種思想的熱忱起見，最好是去考察兩派意見的對爭；一派是屬於進取的組織意力，一派是屬於防守的組織意力。後一派的主張是不久以前纔被封鎖政策激起的一九二五這個年度，在新德國史上應該闢一個新紀元。

一八六〇年工業方面的德意志，在世界上還不能獨樹一幟。當時，世界上工商業最發達的國家，要算英吉利；牠用帝國的力量統治了大部份的世界大經濟市場。單是大不列顛一個國家的生產量，要佔全世界生產量的百分之二十五。由這時候起，牠佔得一個工業的老大強國的地位。德國和美國一樣，都是奮起的新興強國。由一八八〇年到一九一三年，英法兩國生產量增加的指數是三或四；德國生產量增加的指數是七；美國的指數是十二。要是去分別考察幾項重要工業所得的數字還更要顯明些。關於鋼鐵工業，英法的指數是六，德國是二十五，美國是一百。關於紡織業，法國是三；英國是二；美國和德國是六。其餘大都類此。再換句話說，英國生產量在世界生產量所佔成分，已經由百分之二十五減低到百分之十；德國卻不然，反轉由百分之十五增高到百分之十七。由此可知德國工業的進展，已經超過了英國，牠進展的速度大約和美國相等。

在二十世紀初期，德國生產的突進，卻轉而疲滯。由一九〇〇年到一九一三年，德國生產量在世界生產量裏所佔成分逐漸減少。德國生產量轉而與老大強國的生產量相伯仲。這種停滯大概是由於備戰的緣故。

可是到了一九二五年，德國受了十年來戰事和管制混亂的影響，重新發覺一種希望要向前猛勇地奮鬬。爲着這個進程，德國就自己作了一個計劃，想把國民經濟很健全的，很合理的，很充分的組織起來。各國封鎖政策，一點也沒有把牠阻礙得住，適得其反，倒把牠促進了。牠感受到防守的經濟組織的打擊愈見多，在選擇犧牲種類的時候，牠迷戀進取的經濟組織的感情愈見熱烈。牠總想在生產發達的幾個強國裏，得着一個銷場，一天一天地把售銷數量加高起來。每對一次日耳曼主義的失敗，日耳曼主義的答案，不是一種懺悔，只是一種復讐。

我們對德國的經濟結構，若肯細細的考究，一定知道，對一九二五年的德國下這樣一個評判，是千眞萬確了。這個考究，還不必要澈底討論，只須說明幾個要點就行了。德國以前常常有一種趨勢，對於生產工具的生產量要比對於直接消費品的生產量要多一些。在十九世紀的後半葉，關於直接消費品，德國生產量比英國多不了甚麼；關於機械及其他工業必需品，德國生產量要超過英國三倍。這兩類生產品的比差，在新興國家裏，大都類此。所以由一九二五到一九三〇年，在組織合理的大工業裏，前一種的生產品，尤其是機械，就佔了首要的位置。（關於前一種的生產，最初發生失業問題，其後失業問題也算最嚴重）。這件事實，很值得注意，其意義亦極顯然。一九二五年以後，德國很醉心於經濟的組織化，因爲要想恢復牠五十年前的使命，步法，和勇邁，牠想變成一個工業化的新與強國。牠要棄絕一切陳舊任務。

從一九一九年到一九二三年，在貨幣混亂的環境裏，德國看見大規模的康士倫在戰略上收了很大的效益，就得到一個觀念，以爲強者可以壓碎弱者；強者可以在經濟的險風惡浪中單獨生存。這種觀念又引起了德國的野心，要把牠所有的生產原素收集起來，造成一個有聯貫系統的整個組織；造成世界惟一的強國；總要在和他對敵的一切國家中，成一個矯矯傑出者。

德國經濟在一九二五年左右，就重新整個地改組；繼續的五年中，也發展得很好，如果要詳細的把牠敘述出來，既爲時間所不許，又於諸位毫無益處。這類敘述，在三年前，巴黎大學的學生聽起來，也許還以爲新奇，可是到了今天，幾乎盡人皆知了。我們現在只須討論三個要點：

(A)德國合理的經濟組織是一種建築架子，一梯一梯的可以搭到天上去。在最下層是些極公正極豐富的觀念，如工廠組織的科學化，工作時間的經濟，禁革浪費材料等等，都是一個很精巧的工程師應有的工程。稍上一層，是聯合互相競爭的企業，把科學的實驗和工作，拿來合理的共同組織，免省無用的輸運，裁撤重複的職司等。到了第一層樓是市場的分配，物價的協定，中心設計處的組織等。到第二層樓是定貨單的集中，製造的專門化，協議管理規程的確定等。到第三層樓是一些集中運動，把很多的小企業組成一個大公司，由中心機關統一管理各地的分廠分店。到第四層樓，是些規律化運動，如勞動的團體契約，勞動問題的國家干涉，勞動糾紛的強迫仲裁，人爲的提高工資，和經濟的輕重權衡，捨此注彼等。只是這種權衡捨注，往往和事實相去懸遠。

（B）這次德國經濟的改革需用非常浩大的資金，因爲有許多小企業生息達不到標準限度，須得要併吞或銷滅。有許多舊企業須得重新改組，使牠們合於最新最完善的原則。凡此種種，都非大資本不可。而德國自己並沒有這樣多的資金。於是就在外國借了二百五十萬萬馬克（約合一千五百萬萬佛郎）。

（C）這些企業的改組，既沒有計慮到在英美所得借款的利率是怎樣高，這種高利率把牠們的工作推到怎樣危險的地步；也沒有計慮到這種迅速的改革對社會要發生甚麼影響，工作的合理化自然要引起失業問題，致濟失業，又添了新負擔，因此，往往得不償失；末了，牠們還沒有計慮到生產品的銷場，即使沒有一九三〇年的恐慌，這種新擴張的生產品，也不容易完全尋得銷場。

結果，只得到一個空前未有的恐慌。一九三〇年的失業人數達六百萬。一九三一年的銀行倒閉。經濟和金融混亂的嚴重性世界上幾乎沒有一個地方不感覺到。

到了現在，全德意志的人都一致承認這種浩大經營的錯誤。經營雖說受了最高尚技術的指導，而經營的人們，在腦經裏只知道把生產拿來達到他們個人的目的，固意把眼睛閉起來，不顧其他一切。簡單一句話說，就是他們不管有沒有社會的存在。德國人都感覺得德意志主義敗北以後，又用一種新的道辭來欺騙他們。德國人都承認他們受了過甚的『組織』的損害，國家社會主義的政府在基本原則上雖說以國家萬能主義爲基礎但在一九三三年卻曾經尋一種比較適中的制度，拿一部份經濟來稍爲開點倒車，不使一味地過於機械化。

這裏就是一件意義顯明的事。一九三三年四月，希特勒政府就開始排斥一些大工業的聯合組織，因爲那些經營的人不屬於他的一黨；其後到了五月初間他又命波倫先生 (M. Krupp von Bohlen) 去把那些組織改來適合於新制度。但是到了七月初間，在胡根伯先生(M. Hugenberg)辭職的前一日，希氏在利琴霍耳 (Reichenhall) 的演講裏曾經宣言『國社黨的革命工作已經終了』。再幾天以後，內政部長佛利克先生(M. Frick)要去很嚴厲的斥責各地方黨部的委員，因爲他們有點急躁的去追促各地經濟行動採取同時動作」。德國報紙爲上就把希氏的兩種用意測度出來。說他一方面要安定經濟社會裏的人心；一方面要糾正在他執政以前所鑄成的錯誤。哥羅尼的新聞紙 (La Gazette de Cologne) 也說『從今以後，「整個計劃」和「烏托邦狩獵」的時期已經終結了』。德國經濟部長石米特博士也曾宣言『只要可以使德國整個的經濟奮興，何必拘拘定要曾重人爲的方法』。德國最有名的報紙名 Völkischer Beobachter 的，宣傳希特勒主義最爲明確，曾宣稱『不必用 420 的轟炸機到組織纖細的經濟生活裏轟炸』。末了，石米特博士，八月裏曾在哥羅尼作了一次動人的演說，特別批評過去的閉攻政策用得太過度了，認爲也應當注意到競爭的效能和個人的責任。他盡力去安定短期資本的行市。他表明他接近社會主義的程度，比較斯特勒斯曼 (Stresemann) 時代組織工業的人，要幾得很多。從此以後，在德國經濟社會裏又發見一種，把大工業化分爲小工業的趨勢。這種趨勢和國家社會主義在思想上，政治上，宗教上的主張都相反對。因爲國社黨的基本觀念就是德意志的統一和國家的至高無上。

可是，在我們研究這種矛盾現象的時候，我們總相信可以發現此中秘密。因爲國社黨政府，公開的宣稱他不負工商業方面的責任；同時對工商業又自任許多絕對的權力。並且用一種宗旨模糊的協團組織，把所有的勞動組織都吞併在裏面。最後，牠還用野蠻手段，把農業生產的實際管理都弄到手裏來。所有這一切行爲，自然是都包括在一個精確的整個計劃以內。不是應當竭力把德意志引導來遵循一種方針，而這種方針，又是和牠一世紀以來所遵循的途徑是相反的嗎？不是應當給農業生產一種強大的制裁力量，對於工業的整個組織（這種組織的形態已被德國報紙 Tägliche Rundschau 稱爲眞正的國家）加以毀散，因而把德國經濟實力的均衡推翻嗎？不是應當禁止新工業的創立，限制舊存工業生產力的增加嗎？簡單言之，不是應當引起一個棄工歸農的大運動，把都市的元氣拿來凋喪了，再立些法律來縮減工業的生產嗎？這樣一來，我們不是可以看見德國解脫了輸出貿易的需要，不再受國際市場的束縛；同時，德國完成一個偉大的努力，把農產品增加到可以滿足牠的需要；並且對於牠需要由外國輸入的原料，盡量生產代替品嗎？我們不是應該問問，國社黨的目的，不是想漸次把無統制的經濟組織變成有統制的經濟，而且第一次的統制就是依據德國歷史上的定理，這個定理又是比加特爾都沒有的計劃還要強一些嗎？

一下就把德國工業的實力和發達限制起來，停止牠的擴張或甚至於要牠向後退；儘先保護，管理，鼓勵農業生產和農村經濟漸次解脫德國的緊急需要，如在外國去覓銷場和買原料等，簡單一句話，就是使脫離一切世界經濟關係；這一些都不過是社會哲學上的一個計劃，就是有一個對人類社會有信仰心的人，那怕他很明白，很勇敢，而且在任何情形之下，都很單純的同情於種族主義（Racisme）。他也不容易看出這種計劃裏面的危險性的。

這還是在一九三三年，和前面所談希特勒的政策同時發生的，有一項新的政策。這項政策的將來，也許不盡是僥倖偶然的結果。這一年的執政者，在德國可以操縱金融政策，就開始發明了統治經濟的各種辦法，而且把統制工作指導得很好。由一九一九到一九二四年，德意志銀行（Reichsbank）被一些事變把牠的規章完全破壞了，成了一個無自治權的機關，只有一種被動的態度，只好發些紙幣來供國家的需用，對國庫券只好準備資金來重貼現。由一九二五年到一九三〇年，德意志銀行使有了獨立的性質，負了保障貨幣的責任，但是實際上沒有達到統治金融的地位；一方面不能限制放款，他方面不能阻止私人企業和地方團體的負債。在各個時期裏，牠都在活動，有時還採用猛厲的政策，但是總沒有領導德國金融的發展。一九三三年，牠的態度完全變更了。既可以壟斷國際票據的買賣，又可以絕對的操縱匯兌行市，牠就想出一種全新而且有戰術的眞正陰謀。國際輿論都在若干時間以後，纔發現了這種陰謀。外債的延付和馬克的封鎖，都增加了牠的金融威力，使牠能夠去領導一些範圍很廣而且對德國很有利益的活動。一方面，德國的負債商，因爲外債延付的關係，得到很豐富的外國票據，可以在外國市場上，尤其是在美國，買回他們的債劵，只出很低的行市。牠們就很僥倖的把債務減輕了一部份。他方面，外國商店在德國有些短期的債權，只能收馬克，馬克又不能調換，大部份都只好損失一部份債權而改收美金。因此就造成一種「封鎖馬克」的行市。封鎖馬克的匯價，大概都隨着金價和最多數的國際匯票的價格爲轉移。實際上封鎖馬克的匯價總要比德意志銀行所定的官定匯價更低一些。德國輸出商因此就可以把貨品賣成美金，金鎊，或佛郎；再把這些匯票賣到德意志銀行而換成封鎖馬克。這樣所得的數目就比出官定匯價換成德意志馬克的數目要多一些。輸出商在這裏得了許多利益，就可以減低他售貨的價格。這也就是一種眞正的傾銷政策。照俄爾夫先生（M. Robert Wolff）的說法，德國貨幣政策同時收了兩方面的利益，最低限度有幾個月是這樣的。在償還外債的時候，牠是用的金貨幣。在收回輸出貨品售價的時候，牠却用的是減了價的貨幣。

這樣觀念很新的一種大經營，最足以表現一個政府的特性；這個政府把德國看成一個萬能的東西。一點也不遲疑地要去支配牠，猶如一個長官去支配他的部隊和一個人去支配他的房屋一樣。實言之，這種經營，很能標明一種統治的意力，在新德意志裏面是很不容易尋出這種例子來的。此外，牠還露出一種極明白的意願，要去幫助德國工業，使牠容易結淸對外債務並且盡量生產，亦不愁沒有銷場。在這裏國社黨的政府，雖說對一個極困難社會，作了一番不甚可貴的工作，終久還是只有去管理和限制牠們的生產。

這不過是當初一種想像。可好，新近來了一點文件，似乎可以引來做佐證；就是一九三四年一月二十日關於勞工制度的法律，因爲這章法律，對於現在的工業雖說給了極快的滿足，對於將來的工業，卻準備了一點限制。關於極快的滿足者有廢除舊有關於團體契約方面的法律；關於強制仲裁和工廠會議的法律，一併廢止；工廠會議取銷後，由經理委員充任其所有職務。在反對方面，政府在各地設勞動委員，歸政府管轄，爲確保勞動和平，現在由政府畀以一定職責。將來職責，政府可以無限制的增減。從前工團的組織，可以用集團力量來牽制工業的，雖說被政府限制縮減了；同時，政府又新設一種組織來，直接支配工業。這種政策的用意，大家都承認是因爲有鑒於過去組織經濟的過甚，於是乎組織一種由國家統制的經濟來代替牠。這種制度能行多少時間雖不敢斷定，牠實現的可能性卻是有的。國社黨的政府，造了許多工具，在必要時就利用這種工具，去把牠的權力堆在資本家的權力之上；因而把德國強烈生產的傳統觀念附在社會目的之下。

概括起來說，國社黨以前的政府和國社黨政府相反對的一點，是在前者把經濟組織起來，並不去統制牠；後者取銷一部份經濟組織，好把統制的意力安放上去；因爲統制經濟纔是牠特有的目的。

在目前的德國裏，如果我要看一看新制度的經濟趨勢，又覺得時間還沒有多久；可是，國家社會主義和「自偉十麥以來就統制德國的人們及其思想」相反對的地方，卻被這種新制度的趨勢顯露得最明瞭。若國家社會主義眞的要想阻止德國工業的進展，牠恐怕早已經把日耳曼主義的一切運動，摧毀無餘。而且還要把這種組織慾的利益都泯滅盡淨，那怕牠已經有了固定的進步。

這項組織慾，實際上，也有牠的深根。要想明了牠，從十九世紀中葉以來，所以緊茂的理由，就須得窮根究底。這項詳盡的窮究工作，恐怕費事太久，我們這裏，只能撮要的談幾個要點。

(A)首先，我們能夠不想到德國的人口，已經增加了三倍嗎？這樣的一件事，就不能不離爲了參謀部。緣此而生的問題太多，令人有不能不顧慮的趨勢。爲要養活這個增長不已的民族，就須得發展農業生產。因此，德國經濟感覺得需要一個浩大的耕作計劃和一個肥料的重要作用。爲要使這樣大的民族都有工作，又須得擴張工業，常常創設新企業，並要常常繼續製造，不能停附組織工商業的需要，由此而生。天然經濟力，固然可以隨着人口的增加而增加，可是比人口的增加要遲緩一點。於是，策勵經濟，使牠比通常的進程快幾年，馬上就成爲牢固的習慣。組織意力在德國的惟一目的，是想跑在事實的前面去預測事實，並且先佔一着。

德國組織意力，有了一個著名的習慣，是每次的創作，都有過大之嫌。在法國有很多次數，人些都責備企業家或工程師，沒有預測到將來的需要；建築的房屋，在使用的時候，纔覺牠是老早就嫌大小的。德國組織的特徵是一種新建築物，對現在的需要，是覺得牠太寬了一點；漸漸地裝滿了，纔知道牠的適用。

(B)在德國人這樣的精神裏，必定會緩緩流出一派過度的理想。可是，德國在戰後的行政和政治體裁，又把這種過度的理想激發了。德國人『凡事必求合理』，『必尋合理理由』的需要，所以變成一種癖想，全是因爲德國人感受到人口增加，需要壓迫的時候，正正在一種全不合理的行政組織之下。在十九世紀之末和二十世紀之初，德國行政制度的不清晰和不滿人意，比任何國都要甚一些。行政分成聯邦的和分子國的。關稅、外交、海軍、陸軍等屬於聯邦（陸軍還完全屬於聯邦）。財政、警察、司法、鐵路等屬於分子國。全國土分成一個有統治力的國家（普魯士）四個重要分子國，許多爵士（Principautés）和許多自由市。各個行政各有固定區域。在同一省區，有幾個都城，一個是爲行政的，一個是爲礦業的，一個是爲交通的等等。各種行政的區域，參差互異，在地圖上若亂網一般，看也不容易看清楚。在這一切組織當中，絕沒有一種預定程序，也沒有一點象徵，可以代表學理上的理論和宗教法的創造。只是一些由惰性力量所演成的傳統習慣就完了。德國人對此，自然會生一種理想，在工業的新結構裏，要避免一切複有機器間的弊害和困難，對於新機輪，要依照最好技師的計劃和規矩，整理得十分完善。因此，在有些方面，可以說德國組織經濟的趨勢，是聯邦行政組織的反響；因爲很困難纔組成的聯邦行政，有一種很尊嚴的謬誤。

（C）我們現在要談到一個更含混的問題，而且要和現世紀一個最簡單的心理現象相接觸。據我們外國人的眼光看起來，德意志已經是一個大國了。據德國人看起來，德意志還在構造中。國內的一切系統，都有報效德意志的熱情，而想要創造德意志的熱情爲尤甚。一千年以來，德國人就想要創造德國了。一百年以來，就已經開工了。關稅同盟取銷了內地關稅，隔我們很近的時期，俾士麥創設了帝國議會（Reichstag），使帝政復活，把德意志造成一個祖國，使人知道怎樣去認識牠和怎樣去愛護牠等等，並不能使德國人滿意。在日耳曼人眼裏，德意志並不是一種天然的創造物生命線隨着天然的法則而開展，結果無異於一種隨波逐流的影子。反過來，他們把德意志看成是一種強有力的蠻族，他們的使命是要把腦經所想出的嚴厲秩序，拿去制服牠。在他們腦子裏，秩序（Ordre）這個字就變成組織（Organisation）的同意義的字了。據他們看來，不在乎要發現一些法律來統治事物，而在能以理知的力量來征服叛逆的東西。

這些都是產生日耳曼主義的心理的條件。日耳曼主義有兩個特徵，一個是「組織」的意力，一個是『專門』（Technique）的崇信。這兩種特徵是相聯極緊的，缺少了一個，就無法了解其他的一個。若要加以批評，就應當把牠們聯貫起來，猶如牠們在實際上的聯貫一樣。在德國，組織的經濟，就是『專門』的哲學在物質方面的現實。這裏，我們就算是在戰後的德國裏，看出了經濟的組織意力有兩種特殊性質。這種意力是德國所獨有的，因為牠可以對應三種需要：

1. 預防人口增加過速的結果；

2. 給一個合理的骨幹與一個國家，因為這個國家的行政骨幹是混亂的；

3. 使人民屈服於最高無上的『專門』，用人力來創造德意志。

由此可知，在德國組織經濟實連繫在一種民族的哲學之上。我們馬上可以看出，這種哲學和法國現用來作統治經濟學說的基本哲學是沒有共通點的。這點相反的意義可以給我們很多教訓，我們值得把牠拿來討論明白。

在國社黨執政以前，支配德國經濟的觀念，和法國統制經濟學說的觀念中間，有一根本不同之點，也就是相反的一點。在法國，一些談統制經濟，而且把牠認作第一要政的人們，都把組織的觀念繫在統制的觀念之下。他們以爲要先把經濟組織好了，纔可以統制。五十年來，德國的事實可剛剛與此相反；組織是目的，參加統制的意力無非是想達到這個目的。我們馬上就可以看出此間的異點來。

第一點，我們在法國所遇見的觀念，是一些防守的觀念；德國觀念，卻是一些進取的觀念。

我們國內有許多人說：「經濟社會正在混亂；自由學派本來是樂天主義的基礎，到了今天，生產和交易都這樣的擾動，必不可以繼續保持了；應該要參加一種一人的意力」；放任的態度，不是可以再收成效的了；我們不可再去相信，經濟社會裏的各種錯誤，可以互相更正；我們應該準備用理知去醫治牠們；爲要使理知變成最高無上，應該使負理想責任的人能夠實現他的結論；因此，就得要把經濟組織起來，纔可以從集需要，指揮動作，纔可以防止滋蔓不已的紛亂，保障法國，保障全世界」。這些思想，很有可議的地方，可是，總算造成了一種顯明的學派。

這個學派和戰後德國的觀念是一點不相同的。德國對組織經濟的努力，純是爲着一個想奏凱歌的憧憬。德國，在牠的迅速發展之下，常常把世界認作是一個鬬爭的舞臺，牠自己也作了其中的一個演員。不多幾年，牠就奪得一個第一等地位。牠不住地要想把這個戰利品擴大起來。要勝利只有圖強，要圖強只有集中力量。組織成功了的德國經濟定會造成一種極有威權的集團，無組織的競爭者絕不能抵抗牠。牠所以能勝利，不是因爲牠統制得很好，卻是因爲牠組織得很好。單是組織也就夠了；組織的本身就可算是最後的目的。只要組織完善了，其餘一切都可聽其自然；把市場一打開，就可以操縱一切貿易；德國人就站在最優勝的地位裏。

引一個簡單的例子：在償還私人外債的時候，假定這項外債，是三年以來，由許多貿易積欠下來的，如果德國商人毫無組織，一定會感受到對付債主的困難。德意志銀行把他們團結起來，組成一個集團，代表這個集團去向一些分散的債主交涉；由牠來支配談判，牠當然可以勝過對方的一切希望而收戰略上的勝利；完全由債務人發表意見，並且還要使不高興的債權人感覺到『要是再說幾聲要求，就失卻禮貌了』。

爲組織而統制，就把德意志學說所有的奧義都闡發盡了。一句話說完，這是一派進取的經濟學說。

我們馬上又可看見德國學派和法國統制經濟在學理方面的制度有第二個異點。法國學派的目的是要達到一種社會政策；德國學派的目的是想達到一種國家政策。

在法國計劃統制經濟的一派人，有些甚麼建議呢？他們的建議，是要革除過剩，變更內國或全世界貨財的分配。我們相信，那怕他們所用方法的效果會不確定，他們在目的上總算有一種理想，要掃除失業，要促進積貨的消散。德國人有些甚麼建議呢？一點也不是幸福的增進，而只是一種強力的進步。

這種評判很簡略，可是十分正確。德國人的目的，不是要幸福，只是要生產。他們隨時，尤其在一九二五到一九三〇年，只想組織他們的經濟；他們在過去從沒有想要統制經濟。他們只知道增加生產，一點不問問生產會有些甚麼結果；只知道增加各個勞動者工作效能，靡費生產，卻不問問失業者的結果。他們不相信世界能夠固定，認爲經濟運動是進行不已的，並且不是一種一致不變的運動，而是一種催迫不息的運動；於是乎，專務增加自己的速度。因爲這個理由，他們自己就組織起來了。譬如一個機器造好了，就把牠擺在路上去；不想法子把牠牽引起走，又去造一個速度更大的新機器。戰後新德意志的特質就是組織經濟。隨時都是更加組織，更良組織，可只是一種無統制的組織；這種經濟湧出來的時候，恰如崩雪一樣。

現在就說，最近的德國，對於組織得這樣完整而且完全不拘常法的運動，要加以控制，恐怕說得太早了。說牠要反省一下，這倒是很顯明的。說牠要鼓勵人們回到農村，提倡農村小資產階級的安靜生活，這也是一樣的確定。說牠對於把大工業收歸國家全權管理的問題很遲疑，也是我們看得很清楚的。可是，說牠能夠，或很認眞的努力，去把加特爾分成一些小組織，在一個時期內把德國工業阻止着不要進展，能夠把日耳曼主義發揚光大，改正其根本錯誤，——盲目的增加生產——這卻無疑的是一種不可思議的事。就希特勒的心理說，現在的問題是在給已經敗北的德意志主義一種表面上的勝利。這不是一個經濟學家所能解決的問題，這是一個民衆心理上的問題。只有將來的事實可以說明，德國人的新宗教是不是同時可以安慰他們的不幸，大聲頌揚日耳曼主義的一切思想，並且戒除他們一種工作——縱橫汜溢的經濟。

德國這個很奇特的國家，在大陸上距我們很近，在有些方面，距我們又比其他行星距地球還更遠，牠的行動供給我們許多很大的研究題目。事實上往往如此。德國好像曾經勉力去證實馬克斯的預言，這自然是出於無意，不過方式似乎很確定。工業的次第集中，在國家支配之下經營，曾經無限制的發展。到了今天，國家是萬能的了，賦有一種絕對權力，不僅可以支配政策的決定，而且還伸張到個人的工作和思想。在這種制度之下生活的人，都要依着一個觀念，就是靈魂是集合的，理論是集合的，生活的本身，也只是一種集合的現象。除這種制度外，再沒有別的東西可以使普通的法國人更恐怖了。普通法國人的精神很自然地就感覺到日耳曼主義是和人道主義相反的。他絕不相信，用一些幻想的無力之物，會建成一個堅固的基礎。

一個法國鄉下人，性情很和平的，聽見別人向他描寫這個偉大的德國建築，首先就想到，這是繪圖案的人，勉強地把樣本劃得太大了。等到他了解德國人是一羣蜜蜂，日耳曼式的經濟組織，就是用集團的思想來代替個人的思想，他必定感受一種很深的恐怖。他聽見說，進取的國家的經濟組織和自尊的，自利的，種族思想，都不過是一種越軌精神的兩個構成素的表徵，他馬上就感覺到，這項勇敢的工程固然不缺乏偉大性，可是太無人道。

他很自然的反省，就要想到人道主義。一眼就看見一個觀念，是和日耳曼觀念是相反的。因為在日耳曼觀念中，有一個深刻的矛盾。當日耳曼主義宣稱生活的目的不是幸福，只是生產，應該集團去追逐這個目的的時候，牠便發表了兩個不相容的認定。各個人應該努力報效，是不錯的；但是，各個人所報效的集團，一點不是為各個人謀幸福，這就無異乎否認人類的存在了。只知道追求個人的幸福要算是利己主義和懦弱，集團蔑視個人或家庭的幸福，簡直就該算是瘋狂。對於各個人的犧牲，集團就應該直悄相報；非然者，集團便是一種惡魔的發明物。在一種無基礎的哲學對面，法國精神自然地構成一種很明瞭的簡單思想，一種社會新人道主義的思想（Les idées jeunes d'un nouvel humanisme social）。

天文學的定律些，在滿懸着星斗的天空裏，使我們看見一個有秩序的世界，能使我們的精神很滿足。若是組織經濟的定律些不能使我們這樣滿足，那就是表示牠們違反人類的天性。

無疑地，我們不能開放一個自由地方的邊境來供鄰境集中經濟經營下的工業侵略；這也許還不至於不能存在。無疑地，法國經濟的防守組織，現在是絕對的急需。無疑地，在目前一切經濟紛亂中，我們不能一下就催促所有自由都完全實現。這些就是法國主張統制經濟派的重要論據。這些論據是甚麼意義呢？牠們的意義是說，如果你有條腿折斷了，就應該用石膏裹起來；在石膏裹好走路不好走路，可不是此一刻所能談得到的了。

最關緊要的，是不要迷失目的。用關稅政策或其他方法來減輕目前的危險，要承受相當限制纔可以超越暴風雨的浪頭，是應當的。只是要經濟的國家組織，達到盡美盡善的程度，還得要給以相當期限或無定時期。

如果要把經濟組織，認爲是目前急需，對牠本身應有目的外，別無奢望，那就只能要求牠能夠發生預防的效力。不僅對個人自由，在可能範圍內應當盡量保留；而且對個人已經失掉了的自由，在環境允許的時候，也應當漸漸退還。誰知道，在若干年內，一個新的災害，不來把經濟集中最力的國家的籌劃，實際的摧毀無餘呢？別的國家，處着這一點，防備工作，就會很詳愼，而且可以保持牠的將來。所以，經濟組織要求助於主權的行爲——卽國家的權力——是一件極危險的事。國家不能隨便向後退，不能隨便把已經緊緊的繩索又解開。因此，在現有環境之下，經濟方面必不可少的主要任務，不可以歸諸國家。

並且，應當在職業團體和生產協團的範圍內，去創設理想的體系，對於協團組織的組織法，加以修改，給以界說。使牠們不要陷於無秩序的境地，也不要過受拘束。這項工作完全不要國家來參加。這種自由結合的組織，比較由權力強迫的組織，要多收一種固有的效益；自由結合的組織，不會傷害個人的創設，因爲牠們是些暫時的組織。

但是，牠們的任務，不應該和德國一樣，組成一些專利團體，使最大的工業獨享其利；也不應該用國家力量來併吞一些企業，不管牠是強者弱者。就反對方面說，牠們的使命，應該是在各個協團中間，保持或恢復一種均衡，使牠們各個分子都能夠自由地經營和工作。這裏，我們少不了要承認——這一點未必又不是人道主義的基礎嗎？——說最好的企業，就是在正理限度以內活動的企業；就是一個人能實際上澈底明了，和自己管理的企業；因爲最危險不過的是管理的機械化。理想不斷地灌輸着的一個協團生活，嚴厲輿論監視下的一個運動，想必可以幫我們預防一切集中企業，大托拉斯，兼併企業等的殘暴；這些企業必有一天是要崩潰的。協團的精神滲和着利他主義，驅除經濟敵對的讐怨，介紹一種日常合作的觀念到職業生活裏，並不把人類隸屬在剛性法律之下，在我們這個文化重新反省的時代裏，未必不該承認牠，是一個更清爽的社會和一種更有效的行爲的一個創作者嗎？

一點也用不着去創設一個協團國家，或是去仿傚別個國家所採用的方法。只須對各個不隸屬於國家的協團，維助牠們的實質；和應用一種法國方法，這個方法，在習用上是用來保障自由的。

這個希望，絕不是公家權力的命令處分，可以把牠眞正實現得出來的；這是一個文化運動，牠和十六世紀的文化復興是一樣的廣大。國家的法律不能創設這樣一個運動，也不能強迫這樣一個運動。法律只能幇助牠容易進行。如果一般公意需要法律去幇助牠，法律還要被牠用。

鄉下人的論調如此。有的人會說他平庸；也有的人會說他謙遜；自尊是討人厭的；節制，遠勝於盲目的理論，牠纔是最好的德行，可以在地球上，造成人類文化的最高地位的。

馬爾茜利先生致謝詞

一九三四年二月二十三日

諸位女士諸位先生，在諸位剛纔所表示的感情中已經露出對演講十分了解的態度，所以用不着再加任何解釋了。黑爾曼先生的演講，不僅完全滿足了我們的請求而且使我們喜出望外。他曾經用過一個專家的精確，和一個哲學家的豐富思想，去研究他的非常複雜而且很難透達的題目。我們看，他就是法國精神特有本能的一個極好例子，如批評的意見，判斷的能力等。但是首先要能夠了解。在上次的演講會裏，曾經聽見說，有些國家，遇着經濟困難的時候，只用與普通學理不甚相關的本能來應付，有些別的國家又不然，對學理有一種趨向和需要。一個國家把習慣上的運動認作是學理，那就很顯明的是德意志了。可是，我們也可以自己問問，從實際上說，學理不是不必隸屬於本能嗎？雖然如此，有無數的事實細緻的條規，曾經在近幾年創成了統制經濟的，都是從獨斷式造成的制度裏產生出來的。這樣，你們的演講先生的任務似乎應該是更容易的了。其實，無論在原理上或事實上，他都是保留着他思想的自由的。

關於此點，你們還可以回想到一個著名的德國人，哥德（Goethe）先生的秘密。他曾兩度向他的朋友愛克爾曼（Eckermann）談到福斯特（Faust 是拳的意思，大概是他的著作）的譯文，這是不久以前纔譯成法文的，並且說他很高興因爲他的作品經法國大藝術家笛拉克諾（Delacroix）的圖畫，和法國大文學家若納（Gerard de Nerval）的文章表彰了一番他覺得他的思想又發出了一種新的光芒。這種光芒纔使他自己知道他的思想的偉大和淵深。

這種，就是法國精神，在德國繁茂的文化叢林裏去涉獵一週後，應得的代價。

我不知道，德國統制經濟的創作者，對黑爾曼先生，是不是會這樣地致謝，但是黑爾曼先生總算給諸位蒐集了許多論證來；這些論證的精確是很能使統制經濟的創作者滿意的。

我很謹愼的，避免涉及了黑爾曼先生已經發揮得很透澈的問題。在散會以前，我只簡單的想引起諸位對這個問題的一種外景，略加注意。

關於德國經濟方面，相沿已久的非常的組織能力，黑爾曼先生已經向諸位解釋得異常精細，並且談得淋漓盡致，津津動人。我們現在可以問問，或者早就可以問問，支配德國經濟的主力爲甚麼只用在最重要的範圍內一如演講先生所說的呢？在歐戰終結束以後，德國的傳統政治似乎是中斷了；他們過一天算一天；彷彿沒法子可以顧慮到稍遠的時期。這段時期裏，只有經濟的組織存在。企業家的權威和資力，比較戰前德國的第一等企業家，現已不在在了的，還是一樣的強盛。

德國這些經濟界領袖人物所佔的地位，似乎沒有人可以和他們競爭，何以他們不到政治方面來取得地位

和支配權呢

無疑地，可以想得出一種反對論來。我們可以自己想到，新德國是從社會主義制度裏產生出來的；而且還是很激烈的社會主義。所以，在一切認可新制度意向的法律裏，每一個法律都是要主張，勞工或勞工代表參與工廠的管理的。這裏就有了『一個統治』和『一個服從』的劃分。舊有的國家習慣都就推翻了。

我又想起一回事例。當時有一個大企業家。別人問他，在這種受限制的制度之下，何以能夠適應環境而保障自己的利益。他的回答說，除了和參加董事會議的工人代表們周旋融洽而外，再沒有更容易的辦法。他回答時，帶着一種微笑。這個微笑，把此中意義表露得更要顯明些。

因此，我們帶着樂觀主義，常常帶危險性的樂觀主義，可以去相信，德國經濟界的領袖人物，有了這樣的態度和實力，就滿有資格來支配德國政治。要是這個觀念實現了，在『勞工組織』和『和平組織』統治下的德意志民主國的歷史，就會和戰後新德國的歷史不同了。而這個觀念並不曾被事實證確。不過，就政治的預防問題而論，這卻是一個嚴重問題。

大家都以爲德國是到了一個轉角。只是這個轉角是個十字街口，可以由幾個出口出去。經濟的德意志所選擇的出路，可不是我們期望牠的出路。

黑爾曼先生，對於德國經濟的強大骨幹，已經說明牠的一切變遷和策略了，說這種骨幹是有一種不可比擬的力量，確是一點也不假。牠既是曾經緊緊地隸屬於思想不同的各個政治組織，自然也不是「惟一」的和「初見」的。

怎樣，和爲甚麽會成功這種隸屬；牠有甚麽特性；我們可以希望牠將來會改革嗎？

這個問題是隨時都值得我們注意的。無疑地，在這些事件進展中，政治學院將來的演講會還有一個這類的有趣題目。

意大利統制經濟

畢加爾先生 (M. Paul Ernest Picard) 致歡迎詞　一九三四年三月十六日

諸位女士，諸位先生，首先，我代表我們的學生會，致敬於意大利王國大使館的秘書先生；他今天晚上，是大使先生簽派到這裏來作代表的。

關於在意大利實行的方法和連繫於統制經濟思想的演講，本來是應請我們極優待的朋友，貝特勒利先生(M. Petrelli 名波泰 M. Bottai)來作主席的。你們都知道他是意大利協團制度的主要組織者。在慕索里尼先生組成的政治和社會制度裏，協團又要佔一個主要部份。

最使我們不能忘情的，是貝特勒利先生的一番熱忱；這番熱忱是會經貫徹了他對我們的協助的。聽見他不能實踐他的計劃，無論是你們，或是我們，都會感到一種很大的失望。因爲在我們的演講會開會以前，他決計不能到巴黎來了。

羅密納先生 (M.-Roumilhac) 是財政稽核，又是法國駐意大使館的財政隨員。這是沒很好的機緣去請着他，我們一方面感受到苦痛的失望，同時在完成我們的計劃方面，還要感受一種實在的困難。雖然在很忙迫的時期中，羅密納先生，今晚上，帶着一種感動人很深刻的忠誠，也高興地來到此地，和我們討論一個應該波泰先生討論的題目。他這樣和氣的應允了我們的請求，我們感謝他眞覺得是無限的劇烈。并且，我們相信，雖然沒有聽見新意大利組織者之一的有力音調，我們至少能夠受一個法國人很和藹，很有益的指導和教誨，而這個法國人又是了解這個問題最透徹，最適宜於講演這個問題的。

現刻，意大利，關於紀律，秩序和勞工都給我們很多的模範。對這些模範，我們應該去研究，了解，并且留心去仿傚其中的益處。不要忽視了，每一個民族都有他的天才和思想上的習慣，都有從歷史上保持下來的特長。

我們現在要研究的民族是歐戰勝利的民族之一；在他的環境中，歐洲在政治方面有很深刻的改革世界，在經濟方面有很深刻的翻動；因此，他的急迫需要，是在去適應新的政治和經濟條件。

意大利在道德方面和經濟方面，都曾經感覺到一種很大的需要。然而，要想創造新局面，除非復興道德觀念，或甚至除非恢復舊有道德的實行。這種道德觀念的復興，關涉到一種普及於民族生活中一切行爲的道德紀律。

法國革命史給了我們一個這類的例子，和牠過度的流弊。當時的道德觀念並沒有主張建立無限制的自由。并且還是用道德的名義，纔定下一種紀律，違犯這項紀律的制裁，往往是一幕流血慘劇。

意大利曾經避免了這種流血慘劇。牠在危急存亡的時候，乘着差不多全體國民的同意，和依隨着一個大領祂的統治，就把秩序樹立好了。可是，這裏也是道德觀念是民衆行爲的一個大彈力。牠定了一種紀律，幾乎支配了民族生活中的一切行爲。

意大利的經濟也不曾逃出這個通例之外；牠也是紀律化了的，不然，就是受了統制的。目前，大家都認爲意大利是需要一種經濟的統制；這種統制應該是人的行爲幷且應該堆在經濟的行爲之上的。

但是，至少在原則上，用不着一種國家的統制。經濟生活的一切機構，不能由國家來一手包辦，如純粹的社會主義一樣。慕索里尼就是第一個這樣主張的。他宣言他是適得其反，主張保障個人的創設精神；反對一種可惡的傾向，使國家擔起一些任務，既不能勝任愉快，而所費又不經濟。

意大利所採的原則，是國家與個人的集團合作；這類集團是爲保障一羣人的公共利益而組成的，各個分子都有報效的義務；這是一種監察，是個人行爲的檢查，是爲集團利益而定的民族紀律。在國家任務的兩種觀念中，（國家看護者和國家憲兵 L'état providence et l'état gendarme），意大利似乎採的是國家憲兵的觀念，只是伸張了憲兵的職權和他的行爲的界限。可是，你們找不出上次慕尼克先生向你們講演得那樣顯著的，美國式的統制經濟。在甚麼標準之下，國家和個人的合作曾經能夠實現了；受了世界恐慌的影響，在甚麼標準之下，牠曾經受阻礙或停頓；世界恐慌是不是曾經逼迫意大利去採取一些臨時辦法，如別的地方一樣；這些問題都是應該羅密納先生來和你們討論；我不敢越俎代庖，恐怕掩蔽了他對意大利事實方面的透徹知識。

個人，站在一個很小而不很通俗的立場（貨幣和信用的立場，）只願在諸位當前，證明意大利政府，對我剛纔談過的原則一點也莫有捨棄，確能採用一切能造幸福的制度，就是純粹的經濟自由學派都不反對的。牠曾經把國家欠發行銀行的借眼借清了；紙幣也統一了，以後的發行，都集中在一個意大利銀行裏，發行制度和法蘭西銀行相差不遠，金本位也固定了；不記名的有價證券也恢復了；我還要附一點有同類觀念的，是直系的或旁系的繼承權制度也取銷了。

還有許多別的制度，有更特殊的性質，和社會紀律觀念的連繫也要更直接些，因此，和統制經濟也相接更近。例如，設立一個動產銀行來維持各大銀行所存的有價證券；設立一個工業復興銀行來把從前一切不動產抵押品結算清楚（限於發行銀行以外的；）末了，爲保障儲蓄一九二六年的法律就規定意大利銀行，對於其他一切銀行和信用機關，有永久監查的職權。

意大利的發行銀行，在他一九二八年度的報告書裏，曾經解釋過牠這種法定干涉權的理由，并且費了許多文字給牠的任務下一個定義我想引來和諸位談談。因爲這並不是意大利獨有的特殊情形，而且能夠明了法西斯政府對此問題有一種甚麼觀點，又是一件有趣味的事：

「意大利銀行的總裁史特林黑先生曾說：意大利銀行放款的寬易，在通貨膨漲時期中，使其他銀行容易增加存款；因此就新成立了很多的銀行，沒有充實的資金，無論經理人的能力如何，差不多都能支持通貨膨脹的環境。又有很多新的或舊的企業因爲容易借款不小心地把營業範圍擴張了，設立了許多經理處需要很大的款牠們的計劃通通是要吸盡銀行的鈔票。」

應該把這類事實引導來趨向一種新的方針，纔可以訓練對於存款及存款用途的認眞檢查；在可能範圍內便於預防許多不幸的結果。意大利銀行，因爲分行普及於全國，所以對於政府所賦宜大職責，都能盡量完成。牠的行爲還是繼續不斷地去追求牠應該達到的結果。其實，對於許多金融機關的新設立，既無完滿的條件，又非時勢所必需，似乎需得斟酌的加以取締；矯正牠們的放款條件；把牠們的資負對照表和月報表加以差額的最高限度；實行對牠們監察；并且喚起一切受監察的銀行，都遵守銀行營業的良好例規，可以先請牠們的董事們遵照。意大利銀行報告書的結論還說「使到處都相信，銀行營業是嚴密的監視了；并且只有表現出無能幹去代替別人經營資金的人，不能得到經營銀行的機會。」

在我們面前的，與其說是統制經濟，何如說是銀行的治安條例，豈不更確切一些嗎？

這種原則，和法國從前的事實所演成的一樣，能夠適應一種思想方面的成見。但是，實行起來是很艱難的。如果落到一些拙手裏或落到黨人手裏，都很容易發生危險。牠需要很多的有紀律的情感。那末，認爲各個人的良心，有時需得着獨立於他之外的權力來加以維持和監視，豈不是一種心理學的錯誤嗎？這裏只有一個標準問題；如果我們遵守這個標準，牠就可以使一個預防的監督發生效益；如果我們不遵守呢，牠就可以使一個預防的監督發生損害；所以要預防就是想減少事後的懲治，因爲懲治總是來得太遲了。

不願意執定這一點來討論得太久。我只想供給你們幾個意大利方法的特殊例子，照例拿來做演講的介紹詞。你們馬上就要聽演講了。你們聽了，就可以去把許多最有趣味的事業了解得最清楚。這些事業是在我們這個時代的經濟界裏演出來的。

現在我讓羅密納先生來談了。

羅密納先生（M. Georges Roumilhac）講演詞　一九三四年三月十六日

諸位女士，諸位先生，『經濟方面的國家干涉，』是緊緊地和法西斯主義的信條相連繫的。慕索里尼敍述他的學說的時候，曾經說過：『據法西斯主義看來，在個人或團體之前，國家是絕對的，個人是相對的。』我要是不能不給法西斯主義下一個定義呢，我就會向你們說，團體利益完全佔個人利益的優先權，便是法西斯主義。在羅馬的十字街口，私人的小汽車橫順是要讓公共大汽車走前面的。這是一點細節目，可是，這是十足的法西斯精神。

在一切現象中，如果有一個是關係於民衆全體的，那就一定有經濟現象的存在。如果有經濟現象的存在，法西斯學說就可以明白地承認，國家對於國民經濟有最高的統制權力。

然而，認爲十年以來吾人在意大利所見一切統制經濟的表徵，就是法西斯學說的一種現實，卻又是一個確定的錯誤。

實際是適得其反的。在這些學說，和實現了的一大部份國家干涉政策中間，不過是一種有相當距離的關係而已。與其說牠們在思想上有共通點，無寧說牠們在方法上有類似點。

建築在尊重『私有財產權和個人創設精神』之上的法西斯經濟信條，宣言是需要『生產秩序』和『發展經濟行動的紀律』的。

只是，在原則上國家的任務不是直接干涉到私人企業之內，更不是去擔負企業的經營。據法西斯理論，國家權力的干涉只能，在個人創設精神不足或不存在時，去加以補充。

除了這種情形之外，國家任務應該限於對國民經濟加以組織，監督和保護；對於民族的各種生產力量相互間，維持一種紀律。

總之，說是組織和監督的任務，無論如何比說干涉和直接行動好得多。說組織經濟，無論如何比說統制經濟好得多。

原則雖是如此。近幾年的事實，可是和原則相去很遠了。這中間的理由很簡單，自從法西斯主義得勢以來，很多的事實要請求，激動，或強迫國家來干涉。不僅意大利爲然，其他的國家，也是一樣的。

由恐慌而生的經濟困難，又加上一些意大利獨有的成見，就這樣地逼迫着法西斯政府去作了一切干涉的工作。這些工作都不是在牠的經濟思想範圍以內的；可都是集團的利益需要得很迫切的。

這些干涉，在有些方面，卻又和法西斯的學說相關連。就是，這些干涉也可以說是造成了對舊有自由經濟原則的一種反動。意大利人很多都說有些資本主義的弊害，都是這種舊原則演出來的。

慕索里尼寫他的學說，當中有一段是：『資本主義的矛盾災害，只有國家纔可以解除得了。一般人所說的恐慌，也只有在國家以內，由國家來解除。』

雖然是這樣，為矯正資本主義和自由經濟而採取的一切處分，還是不能就認為是法西斯思想的具體表現。牠們在法西斯的經濟運動裏不過是一種附產物而已。

法西斯制度的真趨勢，是和牠們相反的，要在建設意大利經濟的系統組織的一切努力裏面，纔可以看得出來。而意大利經濟，要在協團形態之下，纔可以達到確定階段的。

國家的干涉政策一天一天的在加多，各種困難程度一天一天的更嚴重，慕索里尼個人的理想，很顯明地就被恐慌延滯了，沒有確定的實現出來。所謂慕索里尼的理想，就是協團制度；法西斯政府只有很謹慎地，緩緩地，向這條路線進行。

因此，吾人若對意大利統制經濟，要想得到一個確切觀念，關於下列兩點，務必繼續的加以區分和考察：

一方面是一些有經驗或無經驗的主要的國家干涉政策，這些政策純是環境所激成，並無學理的傾向；

他方面是一些很勇進的協團組織的計劃，這個計劃雖說還沒有完全實現，可是，牠已經向我們洩露了在最近將來的法西斯經濟的真面目了。

只是，在十二年前，法西斯制度纔開始的時候，吾人若肯對國家權力在經濟範圍內的一切干涉，作一個總括的觀察，就可以證明這類干涉是異常之多而且變化是異常之大。這類情形差不多沒有例外；法西斯國家，在確定牠的權力時，把牠的發展國民經濟的行爲擺在第一行；自己認定應該來干涉；干涉的方式比較其他一切都更勉，更強烈。

不過，對於統制經濟的一切表徵，與其逐一的去研究，我寧願試去把牠們相互間的各種對象加以界說；而且依牠們的固有特性，把這些對象區分出來。

剛纔我曾向諸位說過，照普通原則，國家行爲是想要補救自由經濟的弱點和使公共利益，在經濟範圍內，勝過私人利益。

只是，用來達到這個結果的方法些，往往隨各種情形而有差別。關於此點，在已經採用的辦法中，可區分爲兩大類。一類是國家直接的和物質的幫助；他一類是用權力來造成一些有利益的條件，間接幫助國民經濟的發展。

我很迫切地要說，在近幾年中，前一類辦法雖說比較後一類更多些更重要些，而法西斯政府在理論上的趨向，又覺得寧願採用後一類的干涉方式。

往往在實際上，尤其是在我們所涉獵這些環境裏，理論總是應該屈服於迫切的實際需要之前。

我要求諸位先來研究國家的直接干涉。這種干涉也和其他國家的干涉政策很相類似。有時，其他國家的干涉，也許要多帶一點果決性和強韌性。其次再論到關於經濟條件的間接行動。這些行動，老早就有了一個更顯著的法西斯標識。這方面的研究，定會緩緩地把我們引到協團思想的實現那一條路線上去。

現在我們第一步就來看這些直接的國家干涉，採用了各樣的方式。不僅供給精神上的援助，而且作物質上的維持。這裏我又覺得需安一種新的分類。

在這些干涉的辦法裏面，有一部份是用來補救國家富源的天然缺乏，幷且發展集團大部份利益所需要的生產品。這類干涉，是絕對的和世界恐慌滲不相干；幷且大部份都在恐慌以前。

其他的一部份干涉，全是恐慌引起來的。這些干涉，都有確定的和有限的目標，採取一定的方式，專去幫助近幾年的經濟混亂損害得最利害的企業。

若要依着年代先後呢，我們應該先討論前一部份的干涉。後一部份干涉，在性質上又和意大利統治者的學說相去很遠。據我看來，最好是依理論的次序，首先略略討論後一部份，然後再回到和法西斯理論更接近的前一部份。

在用來減輕恐慌災害的國家干涉中，我只對於受災特重的幾項生產企業能直接得到的利益，簡單地略談幾句。

我絕不是蔑視意大利政府在這方面所完成的一切努力。我的心理正與此相反。只是因爲在這方面所採用的一切準則，敍述出來，對諸位也沒有新的貢獻。

實際上，在意大利受恐慌影響最甚的經濟活動的形態；和其他國家裏相差無幾；尤其是和法國裏特別相近。大概都是農業受影響最甚；其次爲航海貿易蠶桑業、絲業、電影業；又其次爲規模較小之其他工業。至於採用的救濟方法，也和其他各國所採用的很相類似。大概都用奬勵金或補助金來補救。所不同的，只有各地所採用的方式一項而已。

因爲有這些原因，所以我不願去把救濟各種工業的辦法都搜起來逐一討論；我只願從速就來，單對救濟受恐慌影響特甚的企業的辦法加以討論。

在這些企業受了恐慌影響，因而危及集團利益的時候，法西斯政府想抱旁觀不管的態度，是很困難的。照牠的學說講，牠也該採取比一切更完備更強烈的方式去干涉。事實上，法西斯政府又是這樣做了的。

在這個範圍之內，國家爲要實現牠的行動，還採用很多的方法呢。

許多計劃不周密的企業，或者作了環境的犧牲品的企業，爲着不願意把成千累萬的債主或存款戶捲入破產的漩渦裏來，未必不可以請求政府的援助嗎？也許國家不至於拒絕不幫助；不過牠趁此機會，對這些企業，就實行一種淘汰工作。

有些企業管理得不好的，有些企業，即使救了起來，還是沒有充分的生存元素的，有些企業的效用和其他企業的效用重複，對於國民經濟不能作有利的貢獻的，國家對此類企業，一概棄置不管，使牠們去受命運的支配。

企業的倒閉如果危及了過於重大的集團利益，國家就要出來負起清算結賬的責任；遇必要時，國家還要墊款來代牠們償還債務。但是對這類不健全的企業決不容許牠們再恢復起來，應該永遠排除牠們到意大利經濟之外。

因爲要實現這種計劃，十年以來，就設立了一種含特殊性的組織，新近又隸屬於意大利銀行，名爲清理銀行。近兩年來又成爲工業復興銀行的一個獨立組。

清理銀行所必需的資金是由國庫擔任，由意大利銀行撥付的。關於資金的確數，我雖然沒有正確的統計材料，不能知道，我相信實際上絕不會在二十萬萬里羅（Lires）之下。這項辦法，所生的結果實在維持了意大利經濟的健全，任何人也不能否認的。

因爲有了這些原則和組織，受了實際幫助的，只有健全的企業。這類企業感受困難的原因，並不是由於牠們行動的錯亂，也不是由於計劃和組織的根本大錯誤；牠們要是超過了現在的困難，以後又可以恢復新的繁榮的。

對這類企業，國家權力的干涉，採取了兩種不同的方式：

在有些情形之下，政府決意來擔負一部份股本。股本要是佔了重要數目，公司的管理，往往就直接隸屬於國家監督之下。這種方式的干涉，有時也擴張到十分繁榮的企業；只是對這類企業，政府總要採取一種方法使牠的行爲可以澈底生效。不管來源是怎樣，到了今天，國家參與股本的企業，大致已經有了二十個左右了。其中比較重要的，是一些專門的信用機關或保險機關。也有純粹的工業企業，如斐俄姆（Fiume）的礦油精製公司，意大利煤油總公司，等等。

至於其他公司，因恐慌而感受困難的，國家對牠們只準備一個放款的問題。

有許多貼現和存款的銀行，放了很大的款在私人的企業裏，沒法可以收得回來。許多私人企業，因爲和牠們相關連的企業受了恐慌影響，也同樣的積了巨額的商業票據無法取款。但是這類票據因爲恐慌關係，往往跌價，而且有時還沒有付款的可能性。

有了這項資產的擱淺，這些企業的境地受累就很深重了。金融市場的條件，又不容許牠們有得新放款的可能，國家干涉因此就變成唯一的補救方法了。

爲應付這些需要，意大利政府在一九三一和一九三二年繼陸續地組織了兩個特殊的信用機關。一個是動產銀行（Instituto mobiliare）；一個是復興工業銀行（Instituto per la ricostruzione industriale）。這兩個銀行曾經得政府准許，可以發行以國家作擔保的公司債票。發行債票的方式，兩行各各不同。兩行的任務是在對感受困難的企業發放長期借款。各企業對此項放款，可以用所存的不能取款的工業票據，作爲抵押品。

這兩個信用機關都是和國家相連很緊。一方面對受困的企業放了款；他方面對牠們的管理上，就要施以更嚴謹的監督。因爲這種關係，這兩個機關成立之初，一般人都以爲意大利經濟是漸次向着性質鮮明的國家社會主義在走了。

然而就經驗方面看來，這種設想，一點也不與意大利當局的意旨相符。當局所以要這兩個信用機關直接監督的動因，僅在要保着國家的干涉有十足的穩固安全而已。

但是，無論採用了甚麼方法去救濟受困的大工業，吾人都可以認定，意大利政府所採的一切方法，完全是受了環境的強烈壓迫；絕不可以解成是法西斯經濟一種深遠的意向。實際上，在這種種情形之下，國家的干涉，都是在應關係方面的請求，從沒有出於國家一方面的主動。

就這一點說，所有這一類的干涉，都和我們剛纔說要綴一下再研究的一些辦法不同了；那些辦法，和經濟恐慌絕對不相關，不過是法西斯政府，爲補充某部份國家富源的缺乏，採取的一種臨時辦法而已。

你們知道，意大利從自然界得來的風景，真是絢爛富麗，很可供人玩賞，但在天然富源的分配方面，牠卻又得天稍游一點。牠的氣候和海岸形狀，對於農業雖說形成一種寶貴的優點；但是牠的土質肥瘠不均，有些時候，簡直不宜於耕作；論到礦產，牠要算最貧乏的國家了。

由此可以知道，意大利不能不從外國去運許多原料品回來供給牠的需要。煤油和牠的轉化物，羊毛、棉花、木材、煤炭、鐵、鑄鐵、鋼、麥子、玉蜀黍等，成爲意大利輸入大宗。意大利國際貿易，因此而有巨額的入超。

意大利對外貿易的負債差額，在歐戰前，從沒有超過十萬萬里羅，在一九二〇年達到一百五十萬萬里羅，約合三十萬萬金里羅。到了次年，雖說有很顯著的改善，然而這項差額的重要，在法西斯制度成立時，還是造成意大利經濟的一個弱點。新政府的第一個急務，就在要想法子把這項差額縮減。或至全部抵償，至少亦須抵償一部份。

自然，在意大利完全沒有的原料，必須由外國商來補充，是毫無問題。不過新政府專門努力去縮減兩類輸入品，似乎也收了相當成效；就是在輸入的穀類和燃燒品方面。

關於穀類，尤其是麥子，在若干年前，意大利的生產量都就不能供給牠的國民的消費量，相差甚遠。據意大利政府看起來，由外國輸入的穀類爲數至巨，意大利的荒地有無數的頃（每頃約合一萬平方米突）在開墾了的地帶，耕種地的報酬也很劣，農業方面剩餘勞動人口又很多，這些都構成了經濟方面一種眞正的「無意義」。

有了這些緣由，法西斯政府在成立的第一年，就組織了一個極度活躍的公司。一方面要去把不生產的土地開出來耕種。他方面要去改善耕作方法，以求增加生產效能。爲着這個雙方面的目標，這個公司就雙方並進的展布牠的一切努力，到各地方去改良土質，改善耕作方法。

在意大利，一般人指定凡是政府所舉辦或獎勵的一切工作，目的在改善農村地產的土質的，加牠們一個總名稱稱爲「整個改良」。

這些工作都是依着整個計劃實現了出來的。工作範圍只限於土質惡劣及未經開墾的地區。在這些地區中，又限於土質有改善可能性的地帶。

有關農民公共利益的大工程，國家都擔負起來了。例如造林，疏河引水，積水的排吸，飲水的供給，大小道路的開通等等都由國家來舉辦。有關於個別利益的工程，就由地主各自負擔。例如疏通溝渠，增加肥料等工作，都是需要一定資金纔可以迅速完成改善工作的。

然而，這些負擔往往彼此都可以得到相互的減輕。國家負擔的工程費，有一部份是從地主身上取出來的。因為，國家對於直接可以享受改良土地的利益的地主，要課一種稅。這項稅額，可以抵償改良費的百分之八到百分之二十五隨各地環境而有所不同。

反過來，地主負擔了一部份工程費，又可以在國家方面得到一種補助金和放款。

和這次政策相關的地主，曾經得了政府的許可，可以組織一種農墾社。在他們實行自己應負擔的工作，或保護和利用國家已完工作的時候，必需的款子，可以去向儲金局儲蓄會及其他公立信用機關或預防機關，用農墾社名義請求借貸。

這個制度，在法西斯制度開始的第一年，就已經實行了。所生的良好結果，差不多普及了四百萬頃，幾乎達到意大利全面積的百分之十四。

的確地，實施這些工程，曾經給了國家一種很重的擔負。十一年來，已經支出的總數，不下三十六萬萬里羅，約合四十八萬萬佛郎，其中差不多有二十萬萬里羅是最後的四年纔支出去的。如果吾人能夠確定，在這些條件下，每頃所產麥子的原價無疑地可以得到一個數目在有些人的眼裏，這個數目就是這個制度的不可救藥的判罪詞。

對這種意向的經營，要是評判起來，難免不受一點開倒車的譏誚。不過，爲要估定牠的公正價值，也就不可忘記了這項浩大的改良工程在這幾年恐慌期間，對於很多的農業勞動者供給了不少的工作。要是沒有這回事，失業人數一定還要增加。據官方的統計報告，十年以來，改良土地的工程，平均不斷的用了二萬八千工人。一九三〇年用三萬五千人。一九三一年用了四萬五千人。一九三二年用了五萬二千人。

意大利政府并不自限於改良遼闊的土地。同時還作了一種浩大的努力，在各地方去改善耕作方法，增加農業生產效能。因此在『整個改良』的工程之下，緊緊地附屬了一個戰隊，意大利人稱牠爲麥戰隊。

這是在一九二五年，慕索里尼，就他的國民，灌輸了這種民族十字軍的觀念，其目的是在發展他們的穀物生產。

同時，他又很適宜地提高了關稅率來保護農業。政府對於一切地方機關，無論是行政的或工團的，都下了動員令。要他們去宣傳實驗，和指示一切合理的耕作方法。

爲要獎勵農民的勤奮，政府又籌設了很重的獎金，每年拿去報償各地農產效能最高的農民。

這個強大的努力，在險阻艱難中掙扎奮鬬，又用一種很敏捷很勤恆的宣傳，竟至達到一種赫奕的勝利了。換句話說，就是他們預計的成效已經完全實現了。

引幾個統計數字就可以證明此點。在八年當中，意大利全國產麥的額量已經由五千萬根突（quintaux）增至八千萬根突（每根突重五十基羅）每頃的平均增加率是由十一根突增至十六根突。意大利每年輸入的麥子總價在一九三〇年的時候，都還要超過十五萬六千萬里羅。至一九三一年就減至八萬萬。一九三二年減至五萬萬。一九三三年減至二萬萬。

還有一項努力也是一樣的有趣，不過範圍稍爲小一點。就是意大利政府想法子去減少煤的輸入量。牠對國內工業，從前用蒸汽力的，盡力去改來用水力。

你們都知道，對於煤炭和褐煤，意大利具有的礦脈都很少。開採出來，僅可供全國燃燒消費量的二十分之一。反過來，因爲牠的北部和半島都滿布着高山，牠卻可以享用泉源無限的水力。

法西斯政府不久就發現了，如果用白煤（卽水力）來代替煤的功用，意大利國際貿易的入超就可以減少很大一部份。

因此意大利政府就設立一種制度，一方面自然是要促進水力的開發，同時，也獎勵和擴展電力的消費量。爲要發展用水力的生產企業，政府曾經扶助了水道的疏濬和新工廠的創設。扶助的方法，大概不外獎勵金和免稅兩種。意大利的國家財政，對此也就有很大的犧牲了。

國家財政預算上，此類支出已經佔了八千萬里羅的巨數。國家所直接完成的工程費用，還不在此數。這項費用，種類繁多，統計起來每年亦不下七千萬。

意大利政府努力去鼓吹水力生產企業，同時，又獎勵電力的運用。不僅很勤勉地去發展鐵路的電力化；而且強令許多私人企業，用電力來代替蒸汽力

一九二六年七月，意大利政府有一個通令，旣經對於蒸汽機組織了一種監督；又規定了企業家用電力來代替蒸汽力的義務。這項義務，只要被一個特別專門委員會（Comité Technique Spécial）認爲適當時，企業家就非履行不可。

這項政策所得的結果，很是值得注意的。一方面，水力所發的電力，旣是擴張了適用的範圍。他方面，外國燃燒品的輸入量，也就有了很顯著的縮減。

因爲有恐慌的關係，很不容易很恰切的確定某個縮減量是由這種政策得來的。因爲各種工業活動的停滯，也是同樣的可以使燃燒品的消費量縮減的。

這兩種理由中，無論是那一種，總之，在意大利把外國煤的輸入量確實地減少了。外煤的輸入量在一九二九年是一千五百萬噸；一九三〇年減至一千三百萬噸；一九三一年減至一千一百萬噸；到一九三二年就不滿九百萬噸了。

但是，希望諸位原諒我一下，我要引幾個複雜的數字來估計縮減的確數。意大利消費外煤的數量，和一九二九年比較，一九三〇年減少了 百三十萬噸；一九三一年減少了一百七十萬噸；一九三二年減少了三百六十萬噸。若照每年的時價估計，各年在消費上節省下來的煤價，在一九三〇年是一萬六千萬里羅；一九三一年是二萬萬；一九三二年是二萬八千萬。

在這類的觀念裏，關於意大利的煤油，我還是不能付諸缺如。法西斯政府對煤油的政策雖然還沒有收到成效，可是牠已經苦意要想在意大利對煤油的消費量裏，使國產的煤油也佔得一個地位。

在若干年以前，意大利地方也發現了一些煤油的礦脈。政府因意大利煤油公司的介紹，也曾經組織了一個調查團，繼續不斷地去考察，看意大利的煤油礦，是不是對意大利的消費，可以供給一個重要部份。

這項調查工作，在一九二七年就已經完成了。由一九二七到一九三三的六年裏，政府每年費了七百萬里羅去開發煤油礦。七年共計費了四千二百萬。

所得的結果，雖然不很顯著，卻也很有趣味，意大利煤油公司，在牠採掘的時期中，一九三一到三二年，採了二千三百噸；一九三二到三三年，採了二千七百噸。就意大利全國看起來，已經開發了的煤油井的產量，還是逐年都在增加。一九三〇年的總產量是七千噸；一九三 年增至一萬一千噸；一九三二年增至二萬六千噸。

一九三三年雖然是沒有繼續增加，法西斯政府不久以前又纔新加任意大利煤油公司一種開掘的使命，為將來的最近的五年中，政府借給牠一筆整款，計共九千萬里羅，約一萬二千萬佛郎。的確地，意大利直到現在，所採得的煤油量，在牠的消費量裏所佔地位是很低微。但是，這項事實的本身總是有趣味的。這總算是一件可作模範的事情。因爲在這件事裏，私人的創設精神不能支持厄運的時候，國家爲着公共利益，總算能採取直接行動去扶助牠。

我們剛纔這樣地隨着各種形狀去研究一種國家行爲。這種行爲，是受了特殊環境的支配和強力的逼迫的；牠的施行方式或者是依舊制，或者是創新制。但是，都和其他自由主義的國家用來應付同樣問題的制度，沒有甚麼顯著的差別。

這些直接干涉，這些獎金，這些補助金，這些放款等都不是隸屬於法西斯主義的中心思想。政府所以要這樣做去，是因爲在集體的利益當中，受了逼迫，不能不這樣做去。但是，關於此點，政府對於改造不了的環境，就要受牠的限制；并且盡所有機關的力量去避免這種環境的重來。

事實上，法西斯學說認爲國家權力的基本職權，應該對私人的創設精神，在可能範圍內，造成許多最好的發展條件，去諉助牠。

很應該承認關於國家在經濟方面的職權，這就是很高的一個觀念了。那怕這還是一個觀念，隔實現的距離很遠，最低限度，在近幾年中，這個觀念總算已經鼓動了許多政策；這些政策所帶法西斯精神的標識，要比從前的政策多些。

的確地，在這個觀念之下，我們可以附舉許多方法，只要牠們是用來讓助國民生產的：例如提高關稅，限定輸入額，禁止輸入等等。不過，在這方面，財政制度，嚴格說來，還沒有甚麼新改革；牠有時只是仿傚別國制度，又稍爲加以擴張；但是牠往往是對別國限制這類特殊的輸出品，加以還擊的時候佔多數；而且關稅率也沒有達到彼此不相容的高度。

意大利政府，用一種大工程政策，曾經努力去鼓勵經濟運動。但是這也不是意大利特有的觀念：只有這種政策的實行，在阿耳卑斯山的地方，還造成了一種擴大性，和別的國家甚不相類。這種擴大性，正在要使意大利，關於道路，汽車業、海港、鐵路、水道等，成爲世界上裝置最好的國家。

但是意大利的政策雖然是這樣有趣味，我只能引這兩種國家干涉的方式來作參考；并且我只能討論，政府爲要減低國民生產的原價，使生產和分配紀律化，而採用的一切特殊辦法。在第一種趨勢裏，包括一些對工資、房租、利率等的辦法；第二種趨勢裏包括一些公會法規和新設企業必須先得政府批准等規定。

法西斯政府用來減低生產原價的方法，是特別有趣的。這些方法，是連繫在『里羅價值穩固後，政府所採用的縮減通貨政策』之下的。里羅價值的固定，是在一九二七年就已經實現了的。里羅的價值定得相當的高。無論如何，比法國穩定佛郎價值時所定的幣價要高些，因爲三個新里羅就可以合差不多四個佛郎。

幣價定高了，意大利的生產和外國生產比較，就處於不利的地位。並且又是在一個經濟凋敝的時期之後，政府爲補救起見，採用了有整個計劃的縮減通貨政策，而使國內的物價低落。

這項政策，大部份都是用陸續減少紙幣流通量的方法，實現了出來的。這樣，就漸次把里羅在內國市場上的購買力增加高了。但是，政府如果沒有採用特殊方法去使物價下落，那末里羅漲價在物價方面所生的影響還是很遲緩的。

到了一九三〇年年底，政府這類行爲就開始採取一種具體方式了。在這個時期中，須要縮減預算支出的金處，使政府決定了去把國家機關的官吏和公共團體的服務人員的薪俸和工資都減低了百分之十二。只是，爲要使這種方法施行出去，相關方面不大困難地就接受了，就須得使薪資減少了的人員，感覺到他自己預算上很重的負擔，也同時減輕了。換句話說，就是房租和糧食價格也要同時減低下來。

爲要達到這個結果，房主聯合會，因爲受了政府的指使，就請得各房主的同意，把房租減少了百分之十。在商業聯合大會方面，也有減低零售物價百分之十的規定。這項規定，雖說沒有得到全體商人的嚴格的遵守，可是實行的範圍還是很寬的。

有了這一切辦法，工資的低減，同時也就覺得是可能而且是正當的了。

在事實上，農民聯合大會和傭農聯合大會，都同時決定把工資減低百分之十。然而，在工業方面，工資總額減低了百分之八僱員薪水減低了百分之八至百分之十。企業經理人的薪水減低百分之十二。公司董事應分紅息，減低了百分之七十五。

所有一切工團組織和協團組織，都這樣地協助這種運動的普及。這種協同動作所生的成效是很有可觀的。從這個時期以後，政府的行動，一點也不停止地，向着物價上面努力，尤其是對最需要的糧食價格。政府雖是放棄了直接行動，不必去事事科罰，但牠至少還是委了各地方機關一種任務，使牠們很嚴密地監視零售物價，并去促進物價下落。

吾人因此可在意大利許多重要城市裏，得着一些統計數字。若以一九二九年的物價作標準，現在的糧食價格就算已經減低百分之三十了。生活費減低了百分之二十五。在這種條件之下，許多工業又可再減工資，因而使原價也有顯著的低減。

在此時期中，工商業感覺不滿意的，就是這一切用來減低原價的方法，卻把原價的一項重要元素，完全置之不問。所謂重要元素，卽是放款利率；諸位都知道，在意大利，利率常常是要特別高一些。歐戰以前，國家和其他集團借款，雖然可以較低之利率借入，如百分之三至五的利率，而商業方面的利率卻要高得多。意大利中央銀行的貼現率，通常都比法蘭西銀行的貼現率要高幾個單位。

大戰的結果，只是增加了這種情形的嚴重性。到了最近的幾年裏，關於工業方面的放款，抵押放款，不動產典當放款，證劵抵押放款以及其他一切短期的商業放款等的利率，通常總是隨着擔保品的性質，在百分之六和百分之八的中間變動。至於存款利息呢，一般銀行，對他們的存戶些，只要約定提取存款時，須在三個月以前預先通知，大概就可以給百分之四的利率。

金鎊跌價的結果，更使意大利的利率受嚴重影響。在一九三二年一月，意大利金融市場的特性，可由下面的幾種利率表現出來：中央銀行貼現率是百分之七；公債利息是百分之六；活期存款利率是百分之三至四；其他商業放款及長期放款利率是百分之七至九。

意大利政府，因意大利銀行和銀行公會的協助，就毅然決然地去進行一種減低利率的政策。

幸好，儲蓄存款一直在往上增加，公債又在逐漸停發，在意大利就漸次造成活動現款的豐富。政府利用這項豐富的現款，就陸續去減低意大利銀行的貼現率。不到兩年，貼現率便一步一步的由百分之七減到百分之三。

同時候，政府採用的一切方法和各團體的協同動作，在各方面都把放款利率很顯著的減低了。尤其在儲蓄會、銀行、存款、郵政儲金、不動產典當放款和新發有保證的債票等方面，利率的減低更爲顯著。

這些行爲，已經影響了公共市場，少不了也要反射到私人的利率方面去。私人利率也得隨着這類的低縮運動走，只是減低的程度，也許要稍稍輕微一點。金融市場的普通條件，在各方面都充分的改善了。政府因此就可以在一九三四年正月，發行六十萬萬里羅的公債，利率僅僅是百分之四・一六。同年的二月，又把六十萬萬里羅的無期公債折變成定期公債；原利率是百分之五，新利率變成了百分之三·五。

這樣，用各種的干涉方式，把原價實行減低了很多，意大利政府對牠的全國的生產條件，都算是造成許多便利了。

但是，意大利政府在經濟方面的行動還露出別的一種野心，比較更爲適合於法西斯的學說。這種野心，就是要把個人的創設精神驅制在一些秩序之下；并且使牠不要很冒昧的發展，如在自由經濟制度裏發展過當的時候太多。

在等候着要採取一種協團制度，對於全國和一切經濟活動的各部分，設置一種整個的生產監督的時候，許多零零碎碎的辦法就已經採用了。這些辦法，很值得拿來認作是趨向協團組織的第一個階段。

在這些辦法裏，至少，我想和諸位略爲談談強制協社的組織方法和創設新企業必須先得政府批准的辦法。

對於工業的協社，即有時一般人稱爲加特爾的，意大利政府的態度，採用了一種雙重的方式。

生產的協社，對牠的社員們雖然可以貢獻許多重大的利益，可是，牠也有牠的弊病在。特別是在牠的社員們聯合起來藏着一種計劃，可以損害別種生產的合法利益或全國集體的利益時，弊病最大。

生產的協社若是決定了用事實上的壟斷，把牠們的出產品價格提高起來，牠就會達到一種反社會的結果不僅對國內一般利益有損害，而且在國際貿易之衡秤上，還要生一種不良影響，因而對國民經濟也有所不利。

協社的影響無論是好的或壞的，本來就是係於相關的一部份生產，係於牠的附有特性，而且係於牠本身的管理方式。總括來說，這是一個實行的問題，不是一個學理的問題。

所以，政府很注意的去嚴密規定協社的組織，限定協社設立的範圍，決定國家對這些集團組織應有的監督和干涉權，末了，還規定，遇必要時，凡相關的同種工業，必須強制的參加協社組織。

這樣用一種精巧的規定，立法者就算能夠把協社作成一種私人企業和將來協團中間的媒介工具。

關於此點，一九三三年一月十二日的法律，更爲有意義。牠規定凡是新企業的創設和舊企業的擴大，都必須先請得政府的批准。

幾個月以前，這樣的規定，曾經強制了一些組成協社的工業來服從。而政府還認爲這些辦法應該再進一步，幷且應該把這類辦法擴張到所有各種企業上面去。

從前把這章法律交到國會去通過的時候，目的是想把意大利的工業組織適合於一般經濟條件。波泰先生向下議院說明意義就申言，雖然有了這些新方法，國家的行動，對勞工法典的原則永遠都是忠實的。國家絕不至妨凝私人的創設精神。

這次的方法有一個簡單目的，是要對一切不應經濟需要而且加重自由競爭和生產過剩的困難情形的新創企業，加以禁止。牠總是想避免工業的膨漲，所以隨着工業的發展而加以監督，使能適合於現有的消費需要。

每個新企業創設之先，必須請求政府批准。政府批准與否，必須徵求一個專門委員會的意見。這個委員會設在協團部之下，由協團部、財政部、交通部、農政部，工業聯合大會等機關的代表組織而成的。牠的任務，不僅專研究新企業的經濟效用；并要考察計劃經營一種新製造的企業，在資金方面和專門技能方面，是否具有充分的必要工具，可以適度地配備牠所計劃的佈置。

這個委員會是由一九三三年一月十二日的法律規定了的。牠自成立以來，召集了九次會議，審察了大約一百五十件請求書；批准的約有百件左右；其餘的或是批駁了，或是退了回去，等到調查完確之後再定批准與否。

從前意大利的企業有一種無限制的彈力。現在對彈力加上限制了。這種限制法，是現時代最新產物。同時，也是法西斯政府干涉精神最明確的表現。談了這項限制，就可算把統制經濟的主要表徵都闡發盡致了。統制經濟的產生是在法西斯制度成立以後。其目的或是在發展國民的生產力，或是要把經濟活動保持到某種形態，或是對生產的發展造成一些便利的條件。

可是，我們曾經看見了的，這些有光明前路的干涉政策，大多數是由當時需要所強迫而成的；由預定的思想或理論發動的，實際上佔極少數。

所以，每種政策的表徵在本身上儘管都是很有趣味的，聯集起來，卻不能造成一種整個制度。我們可以承認牠是法西斯精神在經濟方面的表現。

我們雖然可以這樣推測，實際上，法西斯主義，在經濟範圍內，并不要把這類干涉增加或普及；只是寧願減少一些。根本上牠絕沒有想創建一種國家社會主義。牠知道尊重個人的創設精神。這項精神曾經勞工法典認爲是進化必不可少的條件。不過，牠不容許這種精神在無秩序的方式內進展。牠想使這種精神紀律化，纔可以抵抗制度的錯誤而保護牠的個別利益。因爲無保護，牠就會作錯誤制度的最先犧牲者。同時，又要把牠制服在民族最高目的之下，纔可以保護集體利益。

然而任何人一談到紀律，自然免不了要牽涉到監督。所以法西斯思想，本來就是一種監督經濟的思想。不過在創辦者的思想裏，這種監督不應該是國家的事務。牠應該在民族生產力的自制紀律裏面，尋出牠的現實來。意大利協團組織的擴張，就正爲要達到這一點。我現在要討論協團組織的基本統系了。

協團思想是毫無疑義的帶着一種革新性質和法西斯制度的一種支配性質。實在說起來，意大利經濟這種的組織，可還算不得是已經完成了的事實。但是，自今以往，牠彷彿是新制度十一年來所展佈的建設努力，自然，而且直接，要到達的階段。

那怕這種制度的初步觀念，意大利革命以前，老早就在慕索里尼的思想裏萌芽了，那怕牠在法西斯運動開始的時候就已經誕生了，牠還是緩緩地，漸漸地，纔演成了現有的形態。

在意大利協團制度裏，如果認爲是一種建樹得很明晰的學理思想，和一種嚴格制定的計劃的現實，那就大錯特錯了。慕索里尼自己也說過好幾次，這種有了確定形態的組織，適得其反的，是一種很遲緩很深刻的醞釀的產物；是十年以來逐日經驗的結果，并且還一點沒有達到牠的完成的界點。

但是，雖然我們還沒有出得了這個建築期間，雖然協團的組織還在計劃中，至少，這種制度的基本原則，很久以來，就已經十分確切地決定了。自今以往，我們因此可以把協團制度的顏面認識得很清楚了。

這些原則都已經彙集了起來，加上一個『勞動公約』(Charte du travail) 的名目，放在一個重要宣言裏，一九二七年由法西斯的大會公佈了的。勞動公約雖然沒有得到立法方面的批准，卻已立定了經濟組織的普通原則，并已決定了勞動者的權利和義務，也如人權宣言，給我們決定了公民的權利和義務一樣。

這個基本文件有三十個條文，我不能一條一條的引來討論，因為太長了。但是，至少，我要摘取法西斯制度裏一個最負重望的領袖的一段文章；因為這段文章很能綜論勞動公約的精神和趨勢。協團部次長畢冀先生(M. Biagi)新近纔寫了一段：『協團主義的意義，就是經濟的紀律；用集團的秩序來代替個人的無紀律狀態，限制各個人和全體的自由，來為集體謀幸福。』

這就是幾點初步的眞理。法西斯主義的經濟學說，就是建築在這上面的。但是，這種制度從原則的宣告，到實質上的實現，中間還有一段很長的路，而且很不容易走過。好在意大利算是已經走完幾段了。

這幾段路中間的第一段，就是協團組織的根本基礎，包括的是法西斯職業工會的組織。

第二段是這些工會的聯合。這類聯合會，最後是要產生協團的，最初暫用一種全國聯合大會的形式集合起來。聯合大會直到現在都還在活動，幷且是由全國協團大會來管轄的。

這些過渡的團體，卽各種聯合會，漸漸地就把牠們的地位讓給確定的協團了。協團的普通性質，是最近的法律幾確定了的。

因此，工會、聯合會、和最末的協團，就成了實現協團制度的三個階段。我要趕快向諸位說明協團制度的演進方法。

意大利所有一切協團組織都是建築在工團之上的。法西斯經濟根本上就是工團主義的經濟。法西斯主義在創始的時候，就認爲工團主義在現代社會裏是一種必不可少的要素。

一九二一年十二月，在法西斯黨的第一個組織大綱裏，慕索里尼曾明白地宣言，說工團這種行爲是應該承認的；只是應該使牠適合於民族的目的。

法西斯主義不要勉強地以爲承認工團這種行爲是苛刻的需要。牠已經合法地組織成職業團體，又使牠們相互間的關係紀律化了。牠有這樣組織了，承認了的團體，就已經成了社會和經濟組織裏的細胞了。

然而在容納工團之前，還有一段預備時期，近長了四年之久。在這段時期中，法西斯黨，便向勞動羣衆宣傳他們的主義，準備牠們的立場。

當時，在意大利的勞工團體裏，有兩派政治運動。一派是社會黨的運動，一派是平民的運動。新黨人的第一件要務，就是在組織法西斯工團組織起來，馬上就和社會黨及平民黨立於相反地位。

這純粹是因為法西斯團體已經有了充分的重要勢力了，由一九二六年四月三日的法律，政府纔規定了工團的地位。而規定中又很顯明地護庇着牠的黨人的組織。

關於工團事件，這次的法律和勞動公約所定的原則，可以概括成下面的幾點：

工團或職業團體的組織是自由的。就是說，各個人都可以很自由地相互團結起來，組織工團或職業團體。但是，只有法律承認了而且是受國家監督的工團，纔可以享有『代表牠的內部分子』的權利。無論牠的分子是勞動階級或資產階級，只要是在牠的組織範圍內都可代表。

至於在法律方面承認一個工團組織，就須得要依照下面的幾個條件：

關於勞動工團的組織，參加組織的勞動者，至少須有在工團所在地區居住同種類勞動者總數的十分之一；關於資本家職業團體的組織，自願參加的資本家人數，至少須用有在職業團體所在地區居住同種類勞動者總數十分之一的勞動者。

在相對的方面，職業團體，在保護各分子經濟的和道德的利益之外，須得承認完成，并且要實際完成關於救濟、教育、道德教導、愛國教導等方面的職務。

末了，主持工團職務的人員，必須提供能力上和道德上的保證。對於愛國主義的堅固信仰心，也同樣的要有保證。

在這些條件裏，尤其是最後的兩個條件，對於一般趨向社會黨或平民黨的團體，官方就有了一種不答理由而拒絕不予承認的方法了。因爲對於主持工團職務人員所提供的各種保證，只有政府和牠的代表纔是惟一的裁判官。

在別一方面，承認工團所需的人數上的條件是很寬的，一黨人要組織一個工團，對此是不容易感受半點困難的。實際上，一黨人不能夠團結各種工人的十分之一來組織一個團體，那都要算是特別例外了。

據這次法律的規定，在同一地區內，對於同一職業的工團，政府只能承認一個。對於此外的工團的組織及存在，政府都不加禁止。不過得不到法律上的承認，牠的分子在法律上應享的利益通通都失掉了。

工團一經承認之後，對於牠的地區內一切相關種類的勞動者或資本家，不管曾經來登記與否，工團都可以代表牠們的全體。

經法律承認了的工團，對於牠的地區內一切相關種類的勞動者或資本家，不管曾經來登記與否，都可以派徵一種份金。這項份金每年最大限度，在資本家方面，可以達到他所用人員全體一天的薪工；在勞動者方面可以達到他自己個人一天的工資。在徵收方面，是把這項份金看作地方稅一樣，大概都是在薪水或工資上扣繳的。

但是，那怕對於相關種類的勞動者或資本家，工團可以代表全體，可以徵課全體的份金，然而關於工團的一切活動和機關人員的選派等，卻只有實際加入了工團的人，纔有參與的權利。

在這些條件之下，免不了要產生的結果，就是有時法西斯團體結合了法定人數，組成了工團，得到了政府機關的承認，就變成可以行使工團職權的惟一機關。其他不願加入的相關種類的勞動者或資本家，遲遲早早，差不多都得要全體加入。

在這些條規的旁邊，還有些別的原則來規定工團的任務。牠們固有的權利，是在保護牠們各分子的職業利益；尤其是在資本家的工團和勞動者的工團中間，交涉勞動協同契約的訂定。協團契約的採用，在意大利，已經用了一種很可注意的方式，普及了全國的。

但是，反過來說，一切工團組織，也應該遵守工廠同盟閉歇和工人同盟罷工的禁令，并須遵守解決職業爭訟的義務，首先用調解的方式，如不可能，然後送請勞動裁制所來裁制。末了，還有一點最足以表現工團職務的特性的，就是工團有一種義務，要竭盡牠們的能力去救濟教育指導牠們的會員，并要維護國家對這方面所設立的事業。

前面的一些說明，就可以表露出法西斯工團，在精神上、組織上、和任務上，是怎樣地和其他大多數國家裏的社會主義的工團不相同。

牠們固有的不同點是意大利工團主義不是階級鬥爭的一種工具，而社會主義的工團卻是這種工具。「意大利工團主義一點也沒有主張去銷滅私有財產和個人創設精神。適得其反，和慕索里尼所說的一樣，牠趨赴的是階級合作和一切生產主動者的連鎖。牠保障私有財產，使能發生社會功效。牠尊重個人創設精神，但須把這種精神編入「職業的周圍」和「國民經濟」之內。」

意大利工團主義的思想運動，由社會主義轉到法西斯主義，是最近幾年來一種最奇特的現象。意大利人自己對這種現象作了後面的解釋：

在古代的協團制度銷滅了以後，當各個人在各地方都感覺到需要互相聯合，團結，來保護他們各自的利益時，國家不能禁止牠們組織職業團體。縱然就禁止，也不能生效。

但是，因行藝制度（Artisanat）的衰沒和大工業的發展，資本家和勞動者中間的鴻溝就鑿得漸次漸次的深起來了。我們看見遙遙相對的組織了一些企業家的工團來代表資本，又組織了一些勞動者的工團來代表勞工。

然而，第一種工團倒是在政府保護之下組織，第二種工團卻只有和政府立於反對地位。不過深深淺淺地把這種反對的意義掩飾着就完了。為了這種原因，所以勞動者的代表，就落在反對現存秩序的黨人保護之下去了。

依這個理論，階級鬥爭所有的一切禍患，一切弊害的發生，都是由於國家把勞動團體的組織忽視了，由於國家放棄了勞動階級，讓他們去受破壞主義的宣傳影響。

這是爲要醫治這種不好的事景的「願望」，纔決定了意大利新制度的態度的。在任何方式之下，都不至於犧牲勞動者的利益，希望諸位深信這一點，勞動者的利益是被法西斯工團很熱誠地保護好了的，意大利政府就擔負起責任去把勞工團體組織起來；幷且引牠們趨赴一種更良好的道德觀念。

意大利政府這一切經營，似乎有了很好的成功，因爲牠已經調協了，工團主義，和愛國思想，資本及私有財產權的社會功用的承認，各種階級合作的急需，特別是關於資本階級和勞動階級的合作等思想。

在各種職業之內，各個地區之內，大概在各省之內，工團些都這樣組織好了。爲要把牠們整理出來，同時爲要統制牠們的行爲，現在就要把牠們編在整個民族的名册上去。

同職業的工團些，因此便得了政府允許，可以組織地區內的工團協社（Associations regionales），或組織地區與地區間的協社，或組織全國的協社。

意大利的法律又同樣的規定，協社與協社聯結起來，又可以組織成聯合會（Fédération）。許多聯合會團結起來又可以組織合衆會（Confédération）。合衆會對牠所屬的聯合會，協社，乃至對於會員，都具有約束，合懲罰的權力。

由一九二六年七月一日意大利政府的明令規定了的這種組織，已經演進到十三個全國合衆會的成立了。

這些合衆會是這樣組織的：

(A)六個資本家的合衆會，相互團結了工業、農業、商業、航海和航空業，陸運和內河航業，銀行及其他信業用等的資本家；

(B)六個勞動者的合衆會，恰與六個資本家的合衆會相應，團結了工業、商業、農業、海運、陸運、銀行及其他信用企業等所用的勞動者和用員；

(C)最末第十三的一個合衆會，既非資本家的，又非勞動者的，只是包括一些自由職業和技術的工團協社。

所有這些協團組織的主席，都要由協團部部長的指令任命和罷免。這種組織的特點很明白地表示出協團機關些，雖然是由資本家和勞動者的團體演變出來的，牠們卻受了中央機關代表不少的包圍。因此牠們便要很嚴密地去受政府統制。

這種組織，如果不具備一種最高機關，是不能稱完善的。意大利協團的最高機關，是一種會議，由一九三〇年三月二十日的法律規定的，定名爲全國協團大會(Conseil national des corporation)。

這個大會的組成，一方面是由國家代表（部長或行政官，法西斯黨的要人，政治團體的代表。）他方面是合衆會所指派的勞動者的工團代表或資本家的工團代表。共計大約有一百六十個會員。

這個機關的動作太複雜了，我不能詳細討論。大概牠斟酌情形，有時開大會，有時也許又分成若干很小的委員會：例如組，或分組，常務特別委員會，協團中央委員會之類。

只是，最後的一個委員會，値得把牠特別敍述一下。牠要算是全國協團大會的集中體。牠在大會之下，負的執行委員會的任務。牠的議決案普通是要守祕密的。這個制度下的工團行動，都要由牠給以政治的指導。

全國協團大會，在牠的各種形態裏，擔負了很多的任務。除了關於一切重要經濟問題，須要徵求牠的意見外，牠還具有一種固有的主斷權，對於所有的協團機關，可以制定一些含强制性的條規并且，藉政府的權力，可以規定各種生產者中間的集合關係。

全國協團大會在成立之初，就大展牠的强烈活動。牠發布了許多關於異常重要問題的條規。例如模範契約的規定，半自耕農分租公約，工業的合理化，經營商業的條件的規定等等。

全國協團大會，在意大利的協團組織裏，似乎所負的任務要漸漸地更重要起來了。意大利的經濟，常常是因牠的介紹，特別是因協團中央委員會的活動，纔能受到政府的激動。我在這裏要大膽地說一句，但并沒有洩漏祕密，這個機關，在或遠或近的將來，定要看見牠的權力很顯著地加强起來；并且，在意大利的憲法上，牠要不是去代替國會的全體，至少也要代替現在的衆議院。

可是，最近幾年來，各種合衆會些雖然在全國協團大會領導之下，作了這一切工作，嚴格說起來，這些組織還不能說就絕對的適合於協團觀念。要完全實現協團制度，須得再要一個新階段。自一九三四年二月五日的法律頒佈以後，意大利的協團組織可算走進這個新階段了。因爲這次的法律已經規定了，在最近的將來協團在確定形態下應有的組織法。

然則把合衆會變成協團，又打算要尋出一點甚麽進步來呢？這個進步是在要把資本家的工團和勞動者的工團聯合在一個機關裏；并且使資本的代表和勞工的代表眞正地立於平等地位。

這就是將來的協團和現在的合衆會中間的一個主要異點。關於工業、商業、農業、等等，我們現在看見的是兩種極不相同的團體；一方面是資本家的全國合衆會，他方面又是法西斯工團的全國合衆會；反過來，協團將來要把資本家的團體和勞動者的團體聯合起來溶成一個機關，國家行政的代表和法西斯黨的代表都要參加到這裏面來。

還有一個基本異點，就是，這樣組織起來的協團纔可以享受『國家委任』的利益；并且要變成一個眞正國家行政機關；他的主席要由相關係的部長或次長來擔任。

但是，這些協團又怎樣組織呢？這就是一個問題，在去年一年中，都作了無終止的討論。

關於此點，表現了兩種主要的傾向。　一種主張協團的組織應該以生產企業的種類作爲區劃的標準；他一種主張以生產品的種類作爲區劃的標準。

第一種是要聯通種類相同的工業和活動方式相同的企業：例如織布業、紡績業、染業、冶金業、批發商、交通業等等；

第二種是要聯結關於固定某一種生產品的原料生產者，製造者，流通者等企業的代表。要組織麥子的協團，麵包的協團，絲的協團和棉花的協團等等。

這兩種制度中的每一種都有牠的利益和弊害。在這兩種中間，也沒有人能夠判斷說馬上就採用那一種。在合衆會方面和全國協團大會方面，都經過了很長的和很有趣的辯論，政府纔宣佈採用一種制度，名爲生產幹部(Des grands branches de production)。這種制度，在許多地方，調和了兩種相反對的趨勢。

每個協團都把一類相連繫的生產品團結起來，如織品、冶金、化學製造品、畜牧、葡萄等等。在各個集團中，每一個製造階段都是代表出來了的。

在每一個協團的內部，遇需要時，可以依類分設若干組。每組可以保持每類生產企業的個性；幷可以保護各該組的個別利益。於是，各組的功用，恰和依生產企業分類而組成的協團一樣。

在另一方面，法律規定，有時可以設協團委員會，容納與某一種生產品相關的經濟企業的代表，這類是臨時組織來解決一個特殊問題的。工作完了，又可馬上解散。牠們的議決案必須要得到主管協團和大會的批准，纔能有效。

論到這些新機關的任務，依照全國協團大會議事日程上新近宣告的原則，可以概括的分爲三要類：

（1）一種調解任務，凡關於規定工作及解釋協同契約而起的糾紛，都由牠們負調解責任；

（2）一種諮詢的任務，凡關於最重要的社會和經濟問題，有必須答覆意見的義務；

（3）末了，是一種紀律的任務，關於整理經濟活動的法律，牠們有發佈權。

這些規定，把現在移歸全國合衆會的職權，擴大了很多。

從一九二六年的法律以後，實際上，這些協團機關僅僅有一個很小的活動場。牠們的任務，一點沒有超出勞動集團關係的範圍。

一九三〇年三月二十日的法律，雖然是確定和增加了全國協團大會的職務，究竟還是不會變更這種情況。而賦予合衆會的權力，似乎不足以保牠們的存在和功效。所以意大利人總認爲必需擴充協團的任務，并承認牠們的權力，不僅可以參與勞工的組織和規律，而且可以伸張到所有其他經濟問題方面去。

因此，所以在牠們的諮詢和調解的任務之外，新的法律又承認牠們有一種權力，可以製定一切必要的準則來，作經濟問題的集團規律；和實現一種片面的生產紀律。

在政府批准的範圍內，這種職權，只須一個工團的請求，就得要執行的，這眞是爲將來的協團造成一種自制紀律和監督生產的工具。同時，在意大利的經濟運動裏，牠標明由自由制度到協團經濟制度的確定過程。

在這些幹線裏就是我們鄰國方面一天一天長大起來的社會和經濟組織。這個偉大的組織，要是眞的實現了，其偉大，其複雜，還可以使法國人的精神受一點恐怖。我們有時也自己問問，一部有這樣的廣袤的機器，有這樣多機輪、齒輪、槓杆等等就可以運轉了嗎？就可以動作了嗎？我們自己問問，這樣精巧的一個制度，在原則上是主張工業的自由創設，結果可以不至適得其反，繁複的手續、批准、監督等等可以不至把自由創設的精神牽累和壅塞着了嗎？

但是，關於此點，我馬上就可以使諸位相信，危險是完全看出來了的，并且已經盡量設法去避免了。諸位已經明瞭意大利政府有無限的詳愼。牠去進行牠所劃定的路線，都是這樣詳愼的。牠要站穩一步，然後再進一步。牠見着成效沒有出現，牠就會在中途停停，等到成效出現了，再往前進。遇必要時，牠又知道向後退一步，并且受了經驗的教訓以後，牠又可以再向着一個稍加更改的方向前進。

還有可以證實這項成功希望的，是十二年來，法西斯政府經濟政策的賢明和適當的驗證。無疑地，意大利是不會把經濟恐慌避免得了，也許牠感受恐慌的影響還比其他國家更重一些。因爲牠在一九二八和一九二九年，里羅價值穩定以後，就經過了一段困難時期了。然而直到現在，牠抵抗恐慌的成效卻比其他許多國家都要更好些。不止此也，牠還利用了這個衰落時期，改善了牠的生產器械和生產組織。慕索里尼在他有一次演說中曾斷言，意大利經濟在恐慌當中確有得福利的證據，因爲牠出了恐慌之後，倒轉健全了，興奮了。這個判斷完全正確。新的組織將來對意大利定要貢獻很多的利益，因爲牠可以供給意大利一種工具去隨環境而規定生產，使能迅速適合於當時需要，使能向着最有利的方針發展。

直到近年，我們都只知道意大利是一個有淸麗湖光，有醉人景物，有博物館、有碑塔、有歷史的地方，是一個有自然風景的地方，是一個過去了的地方。可是，十年以來，在有好奇心的人看起來，意大利以牠勇邁的創設精神，太規模的經營，社會和經濟方面實施的豐富，卻變成一個最有趣味的地方去了。我們應該對牠表示這種公正的尊崇，我們應該留心牠這種努力；我們在這裏不僅可以在思想上尋得一種滿意，而且可以得到實用的利益。因爲我們雖然不應該在亞爾卑斯山的他方面，尋得一種完成了的制度，整個的運到法國來；至少，我們在意大利最近幾年的運動裏，可以尋得一個『教訓的寶貴泉源』和取之不盡的『反省題目』。

蘇俄統制經濟

馬遼先生(M. Louis Marlio)致歡迎詞　一九三四年三月二十一日

諸位女士諸位先生，今天的演講題目，在演講會的日程上，是最容易看得見的。我不必加以解釋，就偏勞演講先生好了。你們可以相信着，對一個國家，別人談得很多，恐怕還沒有認識清楚的，演講先生把牠的統制經濟拿來作一度研討，定會使你們感受興味的。

我只是對笛維納先生，要向諸位介紹幾句。但是我一說到「向諸位介紹，」我就已經錯了。因為，我想你們盡都知道，在你們當面的，是一個事業上的甚麼人物。

笛維納先生，在大學裏作了一個忽促的寓留以後，就去同實際的經濟社會接觸了。他差不多是在兩個地位裏，就得到現在的榮譽。最初有七年的時間，在日內瓦國際勞工局裏他作了多馬斯先生（M. Albert Thomas）的經濟問題方面的合作者。其後他又盡力去創立并且辦理一個研究「工作的科學組織」的學會（L'institu-pour organisation scientifique du travail）

在日內瓦這一段長期的實地工作裏，證實了他的「聰明和有秩序的工作」的特質，於是就得到了名實相稱的榮譽。因此，在設立國民經濟分部的時候，他也被邀去參與工作。歷任部長都是傑出人物，都以他爲主要的合作者。在這個很困難而之興味的任務裏，笛維納先生往往善於使他的理想精確，智力堅強。

好了，我讓他來談了。你們定規可以得到許多有益的教誨。

笛維納先生(M. Paul Divinat)講演詞 一九三四年三月二十一日

邀我來同諸位談蘇俄經濟，組織這類演講會的人無異在猜賭。諸位應該知道，對一個範圍這樣廣，爭論這樣多的題目，我是沒有資格可以供給諸位一種直接的論證，和一種有根據的見解的。

我今天到這裏來應命，也不過因爲有些人預信我，以爲對一個剛纔和我們恢復通商關係的國家，我可以供給諸位一些估量的材料。因爲在恢復通商關係以前，我曾經用一種最客觀的精神，在這中間辦了一段很長的交涉。也許別人來辦這段交涉比我還更適宜點。

雖然是這樣，我還是聽我的命運好了。至少我有理由可以請求你們的原諒。我希望諸位不要把我看作一個黨人，也不要把我看作一個政治或經濟學說的反對者。只希望把我看作一個普通人，簡單地繫念着要計算一下，我們和蘇俄剛纔成立的協定政策，要在甚麼標準之下，纔對我們國家有實際利益。

這正是向着這方面，我就要定我這次討論的方針。

我不必詳說蘇俄經濟的複雜機構，猶如一般學理的經濟，把事實和理論弄來永遠糾纏不淸。我只向諸位談個梗概，卽蘇俄方面所說的「幹線」，其目的只在使諸位，能夠估計其進程及其成績。

其次我們再考察蘇俄經濟是一種甚麽現狀。

末了，研究蘇俄國際貿易及其方法就可以使我們對牠的方式的適合時宜與否，得一個準確不易的結論。這一點是我今天很值得向諸位談的。

一般人都說一個國家總有牠的相稱的政府。同樣地，也就可以說一切國家都有牠的最自然的經濟制度。這種理論之正確，幾乎使我們在這個觀點上，看不出查爾帝國和蘇聯社會主義的共和國有甚麽主要區別。俄國是在很多世紀裏，用征服的手段，把許多異種民族聯合起來的團結體。在俄國的全境裏，只應該有一個有澈底統制力的政治和整個的經濟。為要在一個隨時準備離散的人羣上保持着權威，為要對抗威嚇着帝國的統一的離心力，歷代查爾都得要實行一個絕對專制的政府，并且要實質的和精神的『拘束力』來御制宇內。如軍隊、警察、宗教之類。

在歐戰以前，俄國小農制的進展中，是以大規模的國產，貴族產，教產做骨幹。同樣，在小手工業制度裏，是以杜來茲（Donetz），莫斯科哥加斯（Coucase）的大工業做骨幹。

俄國因為在地理上含大陸性最多，最不容易接受外來的世界潮流，又因為有牠政治上、經濟上、社會上的特性，所以就很不進步，而成了一個殊異的地方。

從一九一七年以來，牠的版圖沒有甚麽顯著更改。只是失掉波羅的海的海岸，又使俄國人更加孤遠了一點。

牠的內容也沒有更改，還是那一種粗野的農民，還是那種軍隊，警察，統制機關等。舊的宗教還沒有廢除，新的宗教又起來代替牠了。說到領袖呢，形態雖然改變了，而當年那種貴族的粗暴還是完全保存着的。

新的查爾又坐在克林蘭（Kremlin）的王宮裏去了。在他努力去建立的新社會裏，也不過是舊的俄國多去重現一次就完了。雖然是政治的外形變換了，史達林的俄羅斯和羅馬諾夫（Romanoff）的俄羅斯中間的距離，總不如任何一個俄羅斯和大不列顛或挪威中間的距離那樣遠。因爲後面的兩個國家是海洋形成的，俄羅斯是歐亞間的大平原形成的。

這個道理是千古不易的。請看一看大流士（Darius）帝國和希臘的城市就知道了。地理往往造成文化，土地常常支配人羣。

地理就是研究蘇俄經濟一個天然的導引。人口的統計問題，在這裏就是最基本的一章。

如果是眞的，——我們總是應該引據官方統計的——蘇俄的人民有一萬六千五百萬，蘇聯境內一年要生產七百萬人的話，那末牠的人口生產率就達到了千分之四十三。我們的生產率是千分之十七又二；日本的是千分之三十四。土地佔了全世界面積六分之一的蘇俄，如果保持着現有的生產率，在半世紀以後，又會有全世界人口六分之一的人口。

這裏，就是眞正問題之所在。怎樣去維持這個人羣的生存，他們生存在一個大部份已經開闢了的土地上面，

——其中的森林，沼澤，和大荒原等，如加拿大一樣，是毫不顧惜地要拋棄到南極邊境去的——他們只有在一個無限長的帝國的兩極端纔有出口。他們在文化方面，若非經過很大的努力，服從很嚴格的紀律，還不能興起。只有牠的土地的廣大還可以欺騙我們一下。可是這種廣大，前面有自然界的阻抗力，與其說牠是一種權力的貯蓄體，無寧說牠是急待戰勝的障礙。無疑地，稍待一下，我們就可以看出牠的困難大過任何一切。

從今以後，蘇俄人口的增加，就引起了整理牠的土地和富源的問題。因此，蘇俄狂熱的工業化，直到農業方面，就不是和一般人所想像的一樣，以為是『戰勝的帝國主義』或『學者的偏情』的結果了。這是一種圖存和預防的動作。數十年來，人口過剩的日本，也受了同樣的逼迫而要向西發展。

蘇俄經濟就是建築在這些論據之上的。牠的來源是起於馬克斯學說在蘇俄的實行。簡括一句話說，就是建築在『廢除贏利』之上。

關於此點，我們是一點用不着驚異的。在帝政時代，人民過的是窮苦生活。中產階級是很少的。贏利都集中在少數人之手。再加以投在俄國的大部份都是外國資本，我們就容易知道俄國人對他們的支配階級的命運是無甚關係的了。對於這個支配階級，我們要再加他們固定的狡詐習慣，我們就更容易知道資本主義在俄國是比較在他國更脆弱了。

現在，我們來看共產黨怎樣去實現他們的學說。私有財產是不再存在了。任何人都沒有積蓄財產的可能了。

卽使有人作弊或偶然得到了財產，關於繼承的法律，定要來禁止牠的移轉的。

關於這項原則的一切通融辦法，不過是些暫時巧計。小企業家和小地主在這方面是受過教訓來的。贏利不存在了，個人的物質利益也就不能作一切努力的原動機。甚麼彈力又來推動蘇俄的經濟呢？少數的支配階級，是受了共產黨的信仰心和要建立新社會的熱忱的衝動。國有企業的經理人是爲着成績優良，就可以得一種臨時特權的興味，其他的人是爲着恐怖。

國家所以能成爲絕對的專制者，是因爲牠的力量強。牠所以不被偸盜，是因爲人都怕牠。

在蘇俄，政治的骨幹和經濟制度的關連有如是其緊要，是沒有警察的存在，五年計劃就沒有實現的可能。

我現在就迅速地把蘇俄農業和工業的特質略爲談談。再向諸位討論幾句內國商業，——詳論合作社的任務，——貨幣，和物價。把我的討論的最後一部份，留來研究對外貿易的壟斷。

除了手工業企業而外，一切工業生產，自今以後，都一律隸屬於國家。

三個人民委員會，卽重工業，輕工業，林業等人民委員會，分任一切工業經營的管理。牠們的權力直接行使到一種組織名爲『管理部』的各個管理部分管一類確定的工業，如鑛業，化學工業，織業工業之類。各個管理部都要管許多托拉斯，托拉斯又把某類確定生產品的生產機關都聯合起來。所以一個織業工業的管理部就要管所有羊毛和棉花的托拉斯。

所有這些管理階級都有雙重的目的。一方面，對於各個人民委員會依照全國設計委員會的大體方針所製定的計劃，要負執行的責任；他方面要準備下年度的生產計劃。在後的一種情形裏，準備的手續，多少有些類似我們國家的各部準備預算一樣。

雖然牠們有直接管理的形態，吾人還可以證明這些組織和資本主義的大企業的董事會有些類似的地方。在執行着計劃的時候，管理部應該特別注意到使牠所屬的托拉斯對原料的需要都得到滿足，幷要監督着把生產所必需的放款分配給牠們。

管理部所支配的資金，有一部份是從牠下面各種生產部門照例取得來的。其次是國家撥給牠的銀行放款，使牠照預定計劃擴充機器的。末了，在必要時，是由預算上直接劃撥的補助金。

製定下年度的工作計劃，是管理部最艱難的任務。一方面，牠要遵照上峯給牠的大體方針。他方面牠又要研究構成牠所管理的生產發的一切元素。關於此點，牠是負了完全責任的。一切因錯誤而發生的損失，都要由牠負責。

管理部把計劃準備好了，就送交勞動及國防最高委員會。這是蘇俄經濟最高機關。再由牠轉送到全國設計委員會，以備審核。由這裏審察了，就使牠適合於蘇俄經濟的整個計劃。批准了以後就送回管理部去實行。

從這時候起，承受過計劃的各階級，在和牠相關的範圍內，都就要負起責任來了。

托拉斯，是管理部的主要成分，從前的任務比現在要多一些。特別是牠在商業方面的職權已經撤銷了。牠現有的任務，就是在工廠和管理部中間作一個中介。

關於供給工廠的原料品的契約須由托拉斯草定并登記。生產品的性質，品質，價格等，都要詳細記明。托拉斯須規定工作條件，工資等級，并確定分配給各企業的放款數量。

工廠，也同樣地要同托拉斯訂立契約去依照訂明的品質，數量，時期，把生產品發交托拉斯。

因此，在管理部，托拉斯，工廠中間，就成立了一種契約網，也和聯絡資本主義的企業間的契約網相類似。對於國有企業的進行，蘇俄也想保障牠們在『專門』方面的獨立。在很多方面，這種被人要把牠認爲是過於直接管理的經驗，使我回憶起歐戰後，巴達（Bata）在他的大企業裏所實行的自制工場制度。監察會計，是這個制度的基礎，可以把所有的錯誤都蒐集起來，可以查明原價，可以奬勵競爭。并且各個人都知道，蘇俄建設新制度的時候，是受了資本主義最新方法的啓啓的。

然而原價的觀念，實際上，不過用作一種會計上的指數就完了。實際上，在許多情形之下，國家可以要求一個工業，製造一種輸出品，并且發交對外獨佔貿易相通的一部。算的價格比在內國的售價要低一些。

在別一方面，如果某種生產品爲國民經濟所必需，國家就可指定某些工廠來製造這種生產品，并且要牠們把售價定在原價之下。在這種情形之下，就由預算來塡補虧欠。所以蘇俄的原價，不過是一種預計的材料。不像在資本主義的制度裏，原價是物價的尺度。

這很自然地，贏利不會再有了。

對於一切工業組織的需要，就是要牠們很嚴密地把契約裏所規定的事項完成。在一度計劃執行終了之後，生產品的品質數量都證明了合於規定，蘇聯差不多都就認為合於生產標準了。可是，一個工廠的生產品要是超過了預定額，生產品的原價要是比契約上所規定的原價更低，蘇俄是允許托拉斯把超過標準的這部份利益退給工廠的。就名詞的本義上講，這種不算是贏利，只算是真正的生產獎勵金，用來鼓勵企業的良好進行的。請不要驚異這種對資本主義的心理的假借。為要推進蘇俄制度，這種學說上的讓步是必不可少的。因為，你們也很懷疑蘇俄制度，企業的管理，正是這種制度的試金石。

管理一個蘇俄的工廠，可不是一個容易的任務。經理人一經委任之後，對於選任他的管理人員和專門人員就要負起完全責任。但是他每次要撤銷人員的時候，卻不能不顧慮到工場委員會，尤不能不顧慮到直接隸屬於共產黨的地方分黨部的影響。事實上，經理的任命，固然非先得地方分黨部的同意不可，其中固然不會有學派上的衝突，而人與人間的衝突卻是在所難免。

國有工業的旁邊，在鄉村裏或城市裏都還有舊式的手工業存在。從一九二九年以後，『秩序』這個字的含義，就是要把手工業都加入生產合作社或加特爾裏面去。手工業不管是在個人的形態之下，或在合作社的形態之下牠總算是蘇俄工業生產裏的重要元素，尤其是在輕工業方面。

在別一方面生產合作社在很多情形之下，都有牠自營的生產企業。這類大概都是些磨麵業，麵包業及其他製造食物的企業。

總括說起來，蘇俄的工業組織，尤其是重工業，在『幹線』上，總是仿傚了資本主義的工業的。因此，就使人要說蘇俄經濟是一種國家資本主義。牠那種外形的複雜，直接管理的進展，都不是蘇俄制度原有物。這種組織是和歐美的托拉斯組織極相近似的。

蘇俄對牠的工業，雖說把國家監管，完全保持着，但是，爲要使工業能夠把原有過高的生產費低減下來，牠卻用了各種方法，如自制的總清帳法，契約和會計的重釐等，使工業在管理方面得到可能的最大自由。

蘇俄的土地，無論在法律上或事實上，都是屬於國家的。

列寧在革命的時候，曾經允許并實行均分土地的辦法，雖說是確實的。而蘇俄政府從沒有放棄過土地所有權，卻也一點不假。

共產黨奪得政權的時候，就推動農民去組織集團的農莊。在他方面，對於舊有皇家的地產，政府還是保留監管權，就是鄰近的農民反對也在所不顧。在革命的初期，蘇俄雖受過迫要作種種讓步，而對農民的基本政策，卻從來沒有變更過。這種政策可以概括成兩個口號：一個是『農莊集團化，』一個是『土地國有化』。農民爲着不願放棄私有財產權而反抗，曾使這個計劃的實行展了好幾次期。而共產黨總是相信着，只要有一個很大的『地主階級』存在，共產制度定要成問題的。

在有些時期裏，蘇俄覺得曾受着逼迫去採用一種暫時辦法而承認小企業的存在，也就想到，要仿照我們西部地方的小農，組織一種小農制度。於是乎，就有小地主時期。在革命的前夜，農民佔有全國的百分之六十八的土地。到了十年以後，他們的耕種地就達到了全國的百分之八十九的土地。在同一時期中，農民的人口由一千六百萬增加到二千五百萬人。大多數都是小農莊，因爲平均每人只有四頃半的土地。

蘇俄政府所以要原諒這種共產黨的『原則的放棄，』爲要減少農民反抗的原因佔少數，爲要獎勵農業生產的原因佔多數。但是小農莊太多，在蘇俄所生的結果，也和曾經改革土地的國家所得的結果一樣。在人口增多，需要加大的時候，農業生產品，反轉減少了。麥子不能再有大量的輸出。但在反對方面，買不回機器來供應工業需要，卻是最嚴重不過的問題。一九二八年收穫的失敗，把這種論證顯得格外明瞭，纔有史達林的農業政策的產生。史達林看見了美國大規模農業的先例，相信着增加農業生產的惟一方法，只有採用機械化的大規模農業，史達林就決定了，一方面在五年計劃裏留了一個重要地位來設置牽引機，他方面逐步去銷滅鄉村的小農莊。關於此點，他很巧妙地去利用農民心理。他雷厲風行地就把小地主階級銷滅了。隨後，他又邀約農民來組成一種集團農莊。這種土地集團化的政策，一張一弛地推行了五年之久。實際上，這項偉大的土地改革，現在算是已經成功了。

現在蘇俄的農業有三種主要的形態。第一種是農公司，是眞正的穀物工廠，和美國大規模的農公司是一樣的，也和工業企業一樣有一個總經理，用的工人盡是以工資僱來的。這種農莊的形態，無論如何，都不過是舊時的皇產及貴族產的遺形。從前這類地產就是由專家，農業的管理者，農學工程師等來經營，大半都是用的德國人。農公司大約佔有全俄耕種地的百分之十七。

其次，佔蘇俄農業的大多數的是農業合作社。其形態是隨各地習慣而異的。最通行的是亞特爾（Artel）。在這種農業合作社裏，土地的耕作和牲畜的飼養，都是公共職務。牠的社員們都是按企業生產的比例來領取報酬。社員的工資，無異是一種預支的放款，將來在他們應得的生產品的賣價裏，是要扣除這項工資的。只是在售賣之先，政府用租稅的名義，先要征取一部份貨物的生產品。此外，又還要留一部份生產品來購買或租賃牽引機及添購其他機器，合作社的贏利就往往不能超過所發的工資總額。

普通在農村的亞特爾裏面，社員們是要把房屋，花園，家畜等的所有權保留起來的。總括說來，合作社要佔全俄農莊的百分之七十五。

末了，是私人的農莊。這類農莊快就要銷滅完了。因爲牠們只佔有全俄耕種地的百分之八。

就經營和管理上觀察，農公司和農業合作社是沒有甚麼大差別的。在理論上，農業合作社的經理是個當選人，農公司的經理是個行政官。實際上，任何一個都須得是經營大規模農業的專家，都須具有專門知識和管理知識。在蘇俄的農村裏還沒有這類人才。這類人才都是由城市裏去聘來的，最初一般人對之還沒有很大的辨別力。到一九二九年，有二萬五千工人，隨同一些專門學校畢業生和看護婦等，都是這樣分派到農村裏去的。在一九三〇年，這種含強制性的政策就引起了許多反動。史逵林因此還開了一度倒車。在這時候他曾寫了一段著名的文字『在共產黨人對於土地集團化所鑄成的錯誤，反加以過甚的頌揚的時候，成功就和我們背道而馳了。』從這個時期以後，集團化的運動依舊推行着。推行的方法又更精妙了一些。農民得着一種權利，可以把他們的農產品拿一部份到自由市場上去售賣了。紀律運動也推進了一些。集團化的制度也就與時俱進了。其實，還是要牽引機的生產力纔可以維持而且發展農業合作社。農民也許可以相安於留給他們的生活新方式。此外，須得知道的，就是農莊工業化了以後，把農夫的數目減少了；有些時候對蘇俄會不會發生一些新的而且困難的問題。

雖然是這樣，在這樣廣大的一個範圍裏，把大規模的生產方法實行到農業方面去，總要算一項重大事件。無疑地，在全世界裏也有牠的存在性的。

在蘇俄，內國商業是隸屬於貿易人民委員會。這個委員會對於商業，也和勞工及國防最高委員會對於工業一樣。這裏，分配制度也有三種：就是國營大企業，消費合作社，私營商業等。

國營商業，除了劃撥一部份給托拉斯和工業組織外，差不多都是批發商業。不過，在莫斯科地區裏，也還有一種含地方性質的特殊組織，同時經批發及零售兩種商業。這類商業，既可以售建築材料，化學成品，又可以售帽襪，織品，衣服，銅鐵器皿，文具等。至於托拉斯呢，在蘇聯各地區裏，既有批發商店，又有零售商店。

所有這些組織隸屬於貿易人民委員會的，都有法人的資格。都有自制的經濟帳法，使牠們在管理方面，和工業組織極相類似。

但是零售商業最重要的成分，還是消費合作社。食物成品，特別是要由消費合作社來擔負分配的責任。工業方面的生產合作社，和農業合作社也有時把牠們的成品直接賣給消費者。例如關於牛奶的出品等就是這樣售銷的。

不過，消費合作社，是一種傳統的組織，其存在在蘇維埃制度之先，又特別適合於蘇俄新經濟，於是就有和網一樣的分社及零售商店佈滿了蘇聯境內而佔了不少的利益。

在一九二九年，消費合作社有二千二百萬社員。社員所享受的特殊利益，實際上，已經迫着蘇俄的全體國民都有不能不加入合作社之勢。屏棄在合作社以外的人，尤其是被奪了公權的人，就只能到國營商業和自由市場去購買貨品，物價就要高得很多。

消費品的缺乏，往往迫着合作社去按比例分配牠們的售銷品，幷限定只售與牠們的社員。

消費合作社的管理權全在國家手裏，這是和自治的合作社原則相反的。牠們的分配的專門知識，是漸漸地仿傚美國大規模商店得來的。牠們模仿美國這種機構，無微不至。就是門面也都要仿傚美國的。

至於私營商業，一向就是得政府的允許纔能存在的。在蘇俄民族的需要不能完全滿足的時候，也會感覺到私營商業的必要。不過私營商業來參加這種工作，僅僅像一種保安汽閘。遇着生產品的饑荒，政府又讓牠們復活，有如允許小企業存在的時期一樣。等到環境變好了，馬上就要限制牠們，甚至緝拿牠們，說牠們是共產制度的反動份子。

不要忘去了，蘇俄還有一些原始的農村經濟。其中還有一些商業形態，在經濟先進國裏，是老早就受淘汰了的。在亞洲方面的俄國領土內，販賣商還繼續在盛行。在遠僻地帶的居民，還依靠這種販賣商供給他們的食物。然而貿易人民委員會所監管的商店和市場組織，卻又是一種不可否認的進步。

最近，農業合作社得了政府的允許，可以把生產品拿到自由市場上來售銷，私營商業又算多得了一點有利機會。

現在來略爲談談貨幣和物價。

蘇俄幣制的改革，是在一九二二年。蘇俄在這一年，組織了一個國家發行銀行；鑄造了一種新貨幣，名爲吉奪柴(Tchernovetz)。

依照當時規定的條例，和後來的明令，蘇俄的貨幣，一方面有國家銀行發行的紙幣，百分之二十五是由現金和外國票據擔保的；他方面有財政人民委員會所發的紙盧布，其數量不能超過市面流通的吉奪柴的總數。所以，實際上蘇俄貨幣的擔保金，只有百分之十二又二分之一。

不過，應該注意的，是這種貨幣只能在蘇俄國內流通。因爲有對外貿易的國家獨佔，所以在外國購買貨品的帳目，就可以用輸出貿易賺得的外國票據或輸送現金去結算。所有外國人在蘇俄去旅行的費用，都要把外國票據換成蘇俄的匯票。因此，就增加了蘇俄發行銀行的支付準備金。

蘇俄貨幣的匯價，在理論上，這樣就不會受外國人的操縱了。不過在內國市場上，卻又失掉一部份購買力。事實上，近幾年來，蘇俄貨幣的流通量，有了很大的增加。一九二七年的流通總額是十三萬萬盧布。到一九三三年的七月，就增加到了六十五萬萬盧布。蘇俄政府否認有通貨的膨脹。牠認爲紙幣流通量，全是應國民經濟的需要而增加的。據官方最近的計算，擔保金實際上比法定的百分率少不了很多。不要忘去了，在蘇俄，金的產量的確數雖是保守着秘密。最近幾年中，蘇俄政府確是大增了金的產量，一方面用來增加紙幣的擔保金，他方面用來購買外國貨品。

要肯費一點精細工夫，也可以算得出來，紙幣盧布究竟比金盧布要低多少價。似乎可以定成大約五十個紙盧布合一個金盧布。不過，這種論證只有一種相對的重要性，不僅因爲蘇俄貨幣只有內國的價值，而且還因爲在內國市場上，同一貨幣的購買力，也是因人而異的。同一貨品可以有相差很大的幾種價格。

這也是蘇俄經濟原有的一種特徵。在蘇聯有四種物價，即合作社的物價，自由市場的物價，國營商業的物價，外國商店的物價等。

照規矩，合作社的貨品，只能照原價發賣，不能圖得贏利的。通常合作社的物價，要比國營商業和自由市場的物價，低五倍到十倍的。這種特殊利益，本來是特意保留給合作社社員的，有時還要增加一倍。只是增加的方法不在價格上，而在貨品的購買量上。各類購買者能購買的貨品數量是不相同的。例如一個共產黨人，或軍事工人，購買麵包、牛肉、茶等，比較一個普通工人，或普通僱員，要多買一倍。一個軍事工人每月買糖可以買到一基羅半。一個普通工人只能買到一基羅零二百格蘭姆。一個僱員只能買到六百格蘭姆。

這個數量，就是對於享受特殊利益的合作社社員，也很顯明地不夠生活之用。平均計算，牠們這類生活必需品，至少在目前，是有百分之四十至五十，要到自由市場或國營商業去購買。

國家暫許的自由市場，對於食物商品，負了一部份重要任務。自由市場的消費品，有一部份是直接由生產合作社和農業合作社購來的。

在理論上，雖可以說自由市場的物價是由供求律而定，國家卻也有不少的干涉方法。牠對農業合作社可以隨意增減其售賣生產品的數量，因而可以影響到供給方面。牠可以規定工資，可以規定合作社發給社員的貨品數量，因而可以影響到需要方面。

國營商業成了增加國庫收入的重要工具。國營商業的物價是和自由市場差不多的。外國商店，原來只有外國人經營的，現在已經普及到蘇俄各地了。在這裏買貨品是要用現金或外國票據的。這裏是定的金盧布價格。

蘇俄政府所以要保持着這幾種不同的物價，是因爲感覺到經濟上的必需和滿足人民需要的困難。但是，爲給某些階級以特殊利益，也是使物價不一致的動因之一。

其實在一個國家裏，私有財產已經不存在了，貨幣工資的差額又很有限，爲要供給共產黨的黨員和特別要倚重的專門人才一些物質上的滿足，爲要使舊有的特權階級，如小資產階級，小企業，小地主等，處於不利的地位，惟一的好方法就在使貨幣有幾種不同的購買力。這個問題在蘇俄算是解決得很大膽而且很有效。用同數量的貨幣工資，一個共產黨人可以生活得很舒適，一個由小資產階級變成的僱員，排斥在合作社以外的，會有受餓的危險。

吾人也很可以相信着，蘇俄的工業計劃以後可以陸續地增加很多消費品來供給人民，這種特殊權利自然就會減少。這似乎爲着這個目的，纔去實行第二次的五年計劃。

第一次五年計劃完全專重在基本工業的創設，第二次五年計劃卻預定了無限多的資金去發展輕工業或製造消費品的工業。

蘇俄這種經濟政策的進程，把我們引到討論範圍的第三部份了。現在，諸位已經知道蘇俄制度的組織原則的概要，我們就來研究五年計劃及其成績，看蘇俄制度是不是實地完成了牠們應有的任務，看牠們可以得到一些甚麼結果。

無疑地諸位還想得起來，一九二八年年底，蘇俄宣告要實行五年大計劃的時候，西方的國家些對牠是怎樣地懷疑。

很多有善意的人，都把五年計劃看作是一種取巧的政策，用來移轉困窮下面的俄國人的視線的。絕沒有人相信這個計劃可以實現出來，也不相信蘇俄會有物質方面的資源，尤其是必要的資金，可供實現這種計劃之用。其實幾乎沒有一個人知道蘇俄還有一段很長的預備工作，五年計劃不過是去把預備好了的工作遂到事實上就完了。

五年計劃的目的在使蘇俄工業化，這是用不着詫異的。這種計劃是最適宜於一個天然富源很豐，人口很衆的國家。他一方面，歐戰又會使蘇俄的領袖人物確鑿地感覺到蘇俄政治的獨立是必須建築在蘇俄工業獨立之上的。

蘇俄國防需要新工業的創設，如化學工業之類。又有些工業的發展是很顯著的不充分，如冶金工業之類。只是，須得考慮，在一個受了戰事和革命的毀損的國家裏，究竟應該先去創設重工業去顧全很顯明的整個利益嗎，抑或應該先辦輕工業去適應政治需要，尤其去滿足不安定的農民需要。二者之中，何者較好。

我們應該承認蘇俄畢竟是有勇氣不顧輿情而顧整個的國家利益，決定去開辦重工業。

這還是列寧纔可算最先知道『整個經濟計劃的必要』一者。據他的眼睛看來，這種計劃纔是社會主義經濟的總基礎。諸位知道，他首先就注意到電氣化的問題。所以，從一九二一年，他就在勞動及國防最高委員會下面設了一個設計委員會去準備整個蘇俄經濟的計劃。由一九二一到一九二六年的時期中，一些日常的困難，逼迫着蘇俄政府要去採用一些適應環境的政策，因而把計劃的實行，就移到最後去了。然而設計委員會還是沒有放棄牠的工作。在一九二六年，就有差不多一千行政人員來參加準備計劃的工作。又收到了各地地方委員會的報告書及調查錄等。一九二七年年底，在共產黨十五次大會裏，黨人就議決去定一個五年計劃來發展蘇聯經濟。現在，這個決議已經成了含帳史性的事蹟了。這個計劃書的確定名稱是『發展一九二六至一九二七年到一九三〇至一九三一年的國民經濟的展望』。可是又經過兩年的精細準備，直到一九二九年四月，人民委員會纔把五年計劃拿去實行。

五年計劃的兩個主要方針是一方面要強烈地促進蘇俄的工業化，其目標在發展重工業；他方面是要促進農業社會化運動。在墨克先生(M. Meonet)最近出版的一部著作裏，諸位就可以對五年計劃的有秩序的推行及其變遷，得到一種很優良的調查。

一九二八到一九二九是實行計劃的第一年，他們是很精細很謹愼地進行。在工業和農業的各部份，都沒有很大的困難，并且是按照原定的步調推行的。共產黨的黨委也就可以說各方面都有滿人意的進步。從第二年起，這種幸運的成績就引起一般人對五年計劃發生一種狂熱的歡迎五年計劃也表顯出一種「革命的神秘」的新價値。蘇俄民族的各階級都發見出一種犧牲精神，因爲蘇維埃預計這種犧牲是有很大的代價的。

當時，蘇俄政府卻犯了一種不詳愼的毛病，去把五年計劃的實行翻改了。命令又變成「四年之內，實行五年計劃」了。所得結果是很簡單的：一九三〇年的夏天，所有企業都停閉起來了。

蘇俄還是很倔強地要去幹。一九三〇年的冬天又定一個特別計劃去追趕原定進程。許多遲滯了的企業，恐怕受嚴厲的懲罰，曾經作了一種失望的努力，想去達到和牠們競爭的工業的水平線。

第三的一年又現出許多最好的顯著的成績。大工廠又開工了，失業的工人不見了，給養也更容易了。蘇俄也知道牠們全體皆願完成偉大工程，確有澈底實現的可能性。外國人也很驚異地，以爲蘇俄不知用了甚麽神秘方法會得到這種成績。

因此，一九三一年就要算信用堅實基礎鞏固的一年了。

但是，所有努力都得到了代價，所有的紀律又廢弛了。由計劃的第四第五兩年縮成的一年，又變成喘氣的一年去了。眞的，城市裏還是感覺得所完成的工程的偉大。不過鄉村的農民，因農莊集團化有狂熱的進展而感覺不安的，可開始埋怨了，他們要求要比莫斯科的勝利宣傳更實際一點的利益。據農民看來，德尼柏斯托瓦（Dnie-perstroi）和馬尼多果爾斯克（Magnitogorsk）的大工廠由平地突起未免太無實效了，他們一絲一縷的小慾望，實在是不可拒絕地，應該要求滿足。

蘇俄自己也打量了一下，覺得是和一般人泛泛地所說一樣，『過於緊張了。』牠覺得現在是要用一部份努力去改善生活條件的時候了。換句話說，就是要去發展製造消費品的工業。這種工業，直到這裏都是有意把牠忽略了的。蘇俄的戰術從去年以來，就彰明較著地變更了。現行計劃的經濟方針，在第二度五年計劃第一節裏，便把增加重工業生產的範圍定得更小一些。其問題，只在怎樣去把現狀鞏固起來，怎樣去把已經獲得的成績開發出來。很顯明地到了一個弛緩的時期了。

五年計劃最顯著的成績，是在把蘇俄已經引到世界大工業國的圈子裏來了。還有一點同樣值得注意的是蘇俄重工業的進展，很顯明是隨着軍事上的策略而來的。把大規模的生產單位拿來向東方發展，就是因為那方面可以得到軍事上的保障，不至為突來的侵略者所威嚇。兩個新的大中心，是在烏拉爾（Oural）和中西比利亞。

從一九一三年以來，工業生產全體增加了三倍。單是重工業，要佔全國收益的百分之三十五。農業生產既是僅僅保持着戰前的水平線，我們就可以知道在全國收益裏，工業方面是有好大的增加了。

現在我用不着把蘇俄推行經過，一一向諸位敘述。值得計算的，只是他們所費的努力的全體。一切重工業，鐵業、如煤鐵、鐵鑛、煤油鑛、冶金業等，都有長足的進步。這樣的結果，就把社會根本改造了。不僅城市裏的勞工民衆有了很大的增加，而且插添許多民衆到一些新地方去，結果，把其中所有原始的生活條件也都改變了。

在工業方面既有這樣的進展，而農業方面的進展也與此相類似。農業生產雖沒有甚麽顯著的增加，去年的麥子，卻是蘇俄從來未有的好收成。耕作法已經徹底改造了。供給了許多機器和最進步的機械器具到農民手裏，又在全俄境內酌擇適中站口，設置牽引機，就要漸漸地改造蘇俄的農村經濟。無疑地農莊的集團化，也是改造的因素之一。

實行五年計劃的第一第二兩年，在歡迎聲中，蘇俄在農業方面也作了種種的錯誤。一般人幾乎把牽引機奉若神明，要算這段時期裏的一種美蹟，共產黨人似乎因此就對於『專門工具的可能』和『土地集團化的成績』都信心太過。農民加入合作社的時候，把租賃家畜的數目突然減少，就是一種不幸而最令人不安的結果。史達林爲此退開了倒車。可是也應該承認，用最好的方法去實行農業計劃，把地方黨部的熱忱稍加節減後，在大體上，總算把蘇俄的農業引上不可否認的進步。除了穀物之外，其他所有合工業性的農業都有這種進步，如羊毛和棉花之類。

除了爲要發展工業而把製造消費品的工業延遲了，除了過於急促的集團化政策使農業計劃生了一些不幸的結果，總括說起來，我們是有理由可以承認蘇俄在生產方面是成了功的。

在分配方面卻又不同一點。任何計劃都不能顧慮得詳盡無餘，本來是一種應有的缺點。艷羨着美國的專門技能，注意力集中去速建國防所必需大工廠，所以就使他們把經濟的分配問題忽略了。此外，對內國商業經理人缺乏專門教育，在分配不良上，也應該負一部份責任。特別是消費合作社就顯露出熟練精神的缺乏。直到一九三一年，爲着分配糧食問題，引起人民憤怨，蘇俄對這個經濟問題，纔決然自責。

蘇俄在這裏也曾仿做了美國所用的分配制度。但是，遲延太甚了。在分配方面他們還要很大的努力，纔可與生產所得結果的水平線相稱。並且，如果沒有良好的交通，就不會有適當的分配。然而，蘇俄經濟裏，交通卻是一個很大的弱點。

編製五年計劃的人，現在也得承認，特別是在鐵路的交通方面，他們沒有完全顧慮到實行計劃應有一些甚麼結果。蘇俄鐵路，因爲疲於戰爭與革命，沒有進步，所以就不能適應重商品的運輸需要和旅客增加的需要。發貨的停滯，也由此而生。在有些情形之下，對於工業和農業計劃的實行上，還要發生許多騷擾。

其餘，就是公路的問題。修建公路是費用很大的。蘇俄財政，爲要應給他方面的需要，不能顧及公路，所以公路還沒有完成。在內河運輸方面，曾經費了很多款去建修運河、港灣、碼頭等，所得的成績也很好。不過，雖有這種種建設，蘇俄的交通總還是不夠的。

五年計劃的交通一章估計得這樣不好，所以在工業方面就很厲害地感覺到反響，而在商業方面爲尤甚。的確，馬尼多果爾斯克和史達林尼斯克（Stalinisk）大工廠的設置，正爲要等着改修鐵路和裝置車頭車輛等。但是『等待』的代價是『已有物質的損失。』所以，鐵路實在是蘇俄制度的總基礎。

這樣簡單敍述的，就是五年計劃所得的好的和壞的成績。

末了一點，很主要而最易引起爭論的一點，就是這種偉大努力的效能問題。蘇俄自己也承認，在工業和農業方面所得的效能，往往是在預計數量之下。首先，他們就歸咎於自己，對於『估量經理人及勞動者的專門價值』缺乏精確性，他們把黨人所鼓動的勞動者的熱忱太重視了。其實憲兵隊的組織和社會黨人的競爭運動，還不能抵償一種沒有習慣的工作所生的疲勞，和由鄉村新僱來的工人的經驗缺乏。因此，發成專門人才，便成了蘇俄制度的主要念慮了。從一九三一年起，爲發展職業教育和專門教育，就完成了一種非常的努力。現在，由國立學校和專門學校出來的技術工人、工頭，蘇俄新工業方針所需要的工程師等，已經有十萬人左右了。

現在，蘇俄的支配階級，想使這些專家對『原價』發生一種新的觀感。

在蘇俄，『時間』的觀念不是恰和一個西方人的時間觀念一樣的。我記得，在一九二五到一九二六年，我研究工作的科學組織問題的時候，對莫斯科一個研究『時間』的學會感覺到一種劇烈的驚異。這個學會的目的，是要去教牠的會員知道時間的正確價值，并在經濟時間的條件之下，怎樣去增加工作的效能和生存的快樂。在我們眼光裏，這種工作未免太幼稚了。

『原價』的觀念在蘇俄，也是沒有的對一些農家子，新來到現代工業生活裏的，就是教他們以原價觀念他們處在被動地位，也是不容易記得起的。我們知道，有許多美國式的工作的報酬方式，本來認爲和社會主義原則相反的，如生產獎勵金，計件工資之類，爲甚麼都整個實行到蘇俄工廠裏去了。在他一方面，蘇俄的工團，向來就反對調節工作(Rythme du travail)的過分，爲甚麼都依次決定，漸漸地傾向於專門教育，并且對於所有能增加工作效能的工作方法，都盡力推行。

但是，這種努力的代價是甚麼？是忍受的苦痛嗎，遭遇的困窮嗎？我沒有打算對諸位守緘默。城市和鄉村都制服在苛嚴的紀律之下，并須滿意於微薄的俸給。『將來更好』的希望，和應該報效的利益的重大，也許還不足以使他們忍耐。還須要強制力。史達林的態度，無異是彼爾大帝(Pierre le grand)的再現。李幼特(Lyautey)曾說『吾人不能用音樂隊的孩子們來建立一個帝國。』爲原諒蘇俄，我們可以說貧窮是俄國的舊習慣；并且，爲着『更好的將來，』纔把苦痛的制度延長了，已經可以原諒他們，沒有白白地要求這種犧牲了。

但是，最好，豈不是去請蘇俄的領袖們自己給我們一些評判的材料嗎？

首先，我們引用一個朋友安特利夫(Andreieff)的談話，他是警政方面的要員，又是鐵路人民委員會的主席。今年一月，在蘇維埃最近一次大會裏，他一點也不含糊地宣言：『鐵路還遠不能適應運輸的需要，要說明運輸把國民經濟阻礙到了甚麽程度是不可能的。這是盡人而知的事體。只消說一點就明瞭了。現在，一九三四年一月，有一百萬多輛車的貨品要運。其中有四十三萬輛是木材和森林生產品。有七十六萬輛是煤，是鐵路自身和工業所必不可少的。

在水運方面，蘇聯全境都感覺到停滯的苦痛，如鹽、麥、鑛質、和工業出產的消費品等，都還有很大的數量等着要運，每天去斟酌某種貨品應該提前先運，已經令人煩擾不堪了。這種情形已經是不能忍耐的了。」

至於構成這種情形的原因呢，安特利夫認爲，由於鐵路組織的太不完善，直接管理的過甚，命令太多，實行太少等等。他又告訴我們，說工人和工頭都更換得太快，而且選擇得不好。他說『大部份都纔供職一年就離開他的位置了。』

既經知道在鐵路方面負責的人對鐵路這種嚴厲的評判，我們再去考察史達林本人是怎樣一種態度。

在同一個大會裏，史達林曾說『以爲我們的工業只有成功，那就錯誤了。工業也有牠的缺點。』在一種毫不徇情的嚴厲態度裏，他歷數一切缺點。他指出重工業推行五年計劃的遲延，——除鐵工廠外，一切金屬工廠的無秩序——一部份煤鑛和煤油鑛的組織不良，——設立工廠來製造需要量很大的消費品時，缺乏注意力，尤其在製造食物的工業方面，——在改良品質方面，工廠經理人的態度太不良，——對於一些會計方法可以防止浪費時間，節省材料，因而可以增加生產效能，減低原價的，在監察上太遲緩了，——工作組織的不良，——工資制度裏的不合理的平等——規定任務的時候，職責不明，末了，還有經濟人民委員會直接管理的太過，特別是在輕工業和食物工業方面。

在結論的時候，他說，如果這些工作組織的不良，和直接管理的太過，不能改正的話，蘇俄工業還繼續要跛足而行。

談到農業，史達林指出減少了家畜的弊害，在五年之中，馬和牛減少了一半，綿羊和山羊減少了三分之二，豬類減少了三分之一，都是土地集團化太快所生的結果。

在反對方面，史達林很驕傲地指出已經得到的成績和勝利。他以爲這種成功的原因，是由於五年計劃的良好佈置和農工民衆的良好組織。在結論的時候，他說：「有了好計劃，又能實現出來，在政府生活裏是一件極希有的事。請看我們周圍的鄰國，有很多抱有整個計劃，又知道去實現嗎？牠們都過的無遠計的生活，都迷誤在恐慌的紛亂裏，都是困陷在濫泥窖裏就看不見路出來。只有我們的黨纔知道用甚麼方針來管理國家，纔知道怎樣把國家引到成功方面去。」

就不說史達林有理，我們也得承認他和他的同僚總算有願意幹而且知道幹的勇氣，是我們這個時代所希有的。至於五年計劃及其所連繫的經濟制度的成效，那就隨各人去估量好了。

最低限度，現在的蘇俄有資格估得一個世界大工業國的地位，總算可以應付一種最帶批評性的考察。依據今年一月的統計，蘇俄的煤油和鑄鐵的生產量在世界生產裏要佔第二位，煤的生產並要佔第三位，鋼條的生產量要佔第四位。無論蘇俄是用的甚麼社會制度和政治制度來得到這些成績，這些成績總算是已經得到了。要不帶感情來評判的話，就應該承認必須要去修改我們和蘇聯的通商關係。如果你們願意這樣說，也可說我們用研究這一點來把我們的演講結束了，未免帶了一點利己性的國家觀。

要和蘇俄通商，就得要注意到蘇俄的對外貿易，是國家獨佔了的。

蘇俄的對外貿易人民委員會，在一九三〇年，爲要適應五年計劃曾經改組了的。沒有這個委員會，五年計劃的實現是不可能的。有了牠作中介，蘇俄政府一方面纔可以償清依照五年計劃的規定而購買外國貨品的債務；他方面纔可以收清爲購買外國機器而輸往外國售賣的貨品的債權。

不要忘去了，蘇俄依照五年計劃的規定，總共在外國所買的工業和農業機器，已經超過了二百五十萬萬佛郎。只須說明，在這個總數裏面，德國所發賣的機器要佔百分之四十二，法國只佔了百分之二，就可以知道我們自己的地位了。要是知道，在實行五年計劃的時期中，我們對蘇俄貿易的入超已經超過了十萬萬佛郎，就可以想見，法國工業參與蘇俄大企業工作的細微，是怎樣的悲觀了。因此，我們還幫助蘇俄償還了一部份德國債。

我們運銷到蘇俄的貨品，只能佔蘇俄運銷到我國的貨品的百分之五。在實行五年計劃期間，又減低到百分之二或一。在反對方面，蘇俄運銷到法國的貨品，卻保持着戰前的水平線。所以，一切低減都不利於法國。

法國實際上所購蘇俄貨品，比較統計上所記載的數目還要更大些。對於煤油和羊毛，法國要算蘇俄第一位主顧。對於皮貨，要算第二位。

但是，蘇要回復過去的狀態嗎？蘇俄的工業化運動一進第二個階段，就可以供給我們一些實際的銷場了。蘇俄現在最大的需要是運輸工具和消費品。關於這兩類生產品，法國貨品就大有運銷到蘇俄境內的餘地了。

所以，在我們國家裏，用不着設法去減少由蘇俄輸入的商品。為減少我們對蘇俄的貿易入超，我們就有理由去要求蘇俄多買我們的貨品了。這一點也就恰是今年年初纔簽字的法俄通商協定的目的。實際上，我們對蘇俄的輸出貿易，將來可以增加二萬五千萬佛郎。

我不能隱默，這次的交涉是很困難的。蘇俄代表很狡猾，很強韌地，保留蘇俄的地步，甚且把蘇俄的地步改善了。但是今後惟一值得計算的一件事，是在能夠使我們的貨品在蘇俄有了更大的銷場有了價值。并且，因為品質優良，還可以保持着主顧的範圍。而蘇俄這個國家，人口正在充分地繁殖，也許在吾人所意想不到那樣近的將來，就會成一個世界最重要的市場。

我很知道，和蘇俄通商，不是隨時都很容易的。蘇俄需要長期的負債，卻又表露出實踐契約的困難。好在蘇俄已經允許用煤油作保證，至少，我們的輸出商不至於再冒危險。

在這些條件之下，吾人似乎可以慶賀法俄通商協定的成立。

這也就是我的結論。

無疑地，對於我所討論的題目，也許你們會感覺得這個結論很簡單。這是要由我的後繼者，用他的長才，對於所有統制經濟的演講材料，來闡發他的宏論。

至於我呢，贊同了法俄通商關係的恢復，就似乎已經說夠了。因爲，這種贊同，要不是建築在「對我們對手國經濟制度的鞏固」的信仰心上，是枉然的。

我忘不了這種偉大的人事的實驗，是在一個最相適的境地裏成了功的。我不得說在別的國家也有些偶然的成功機會。我也和蘇俄的領袖們一樣，對蘇俄制度的弱點，和一種可由戰爭引出的危險，不敢懷自欺之心。只是，依據所得這些獨一無二的成績，我應該承認這種實驗是值得注意。幷且，在有些方面，除了一種通常的保留以外，我是不能隱匿我對這種實驗的贊美的。

關於法俄貿易的恢復，所顧慮的，就在恐怕蘇俄經濟將來有破產的一天。

於簽訂法俄協定的時候，法國政府對蘇俄有一種積極的認定。我很抱歉，沒有副署。

馬遼先生致謝詞　一九三四年三月二十一日

諸位女士諸位先生，依我的管見，蘇俄經濟僅僅纔開始。笛維納先生討論蘇俄經濟這種實驗，用了一種很清楚，很正確，引證很豐，十分客觀的態度。聽者對他是怎樣地悅服，剛纔發出的很充實而又至再至三的掌聲，就比我所能談的語言，還表達得更明白了。

我不過對笛維納先生所談的，想簡單地加上幾句。『偶然』纔會使我感得，我昨天早晨纔從莫斯科去旅行了幾天回來。我已經有三年沒有到莫斯科去過了。我應該說，我得到一個很明瞭的『進步的印象：』在食物和衣服的條件上，有了一些物質的進步；至少城市的居民是享受了，因爲我沒有時間去和農民接觸，不知道這種進步達到農村沒有；秩序和紀律也有了進步；還有一種進步，就是蘇俄政府自己感覺得更健強了，依仗對外宣傳的程度比較三年以前，要減低了一些。

由笛維納先生給我們的統計數字裏，就可以很明白地看出蘇俄得到的成績是何等偉大。不過，實在說，我並不覺得驚異。十年以前，我就已經認定，我們沒有理由可以忽略一個國家，其民族多過我們民族的四倍，其領地較歐陸爲廣，其農和鑛的富源與美國相類似。

只是，在當時有許多人懷疑的地方•我相信蘇俄政府在牠的計劃的結構裏，已經證實了，牠是有能力可以得到所有一切預定的成效或者至少可以得到已經披露了的成效的大部份。

對於笛維納先生剛纔詳細說明的蘇俄經濟制度，就應該承認牠是最好的制度嗎？我也不以爲然。

首先，也和笛維納先生曾經注意到向你們說過的一樣，這是一種蘇俄特有的工程。任何一種制度，都只能實現於一定的民族，一定的土地，一定的氣候條件，一定的經濟條件等。而這類條件又是隨各地而變易的。此外，我不相信對於一種實驗，如我幾分鐘前纔說過牠纔得開始的，我們現在就可以下一個評判。一個有這種意志力的革命，從粗暴和困苦裏奮鬭出來，在經濟計劃方面剛纔引上了幹線，要想答復我適纔所提出的問題，恐怕就由蘇俄經濟的領袖看起來，也得要在十年，十五年，二十年以後。

實際上，並不是建一些工廠，設一些農莊就可以算完事。還得要使工廠能夠開工，能夠繼續維持進行。農莊的重要性，雖不如工廠那樣大，而日常的耕作，也需有充分的注意力去經營。

在剛纔所敍述的制度裏，要解決這個組織的問題，是可能的嗎？依我的意見，我知道也相信，不過懷疑也還在許可之列。從新創設工廠，有一個很困難的問題，就是要改造環境。依我的意見，蘇俄是犯了一種弊病。今天我之高興談這個弊病，也和從前一樣。從前，關於此點，曾經有人來徵求我的意見，以便在各種制度中，選一種來推行。這個弊病就是在實驗的任何部份都要想弄得十分完善，到處都要想實現一種最進步的工廠。

在我的方面，我以為在一個國家裏，其勞工民衆在戰前只有五六百萬的，現在已經增加到了一千五百萬到一千八百萬人，最聰明的辦法，是在開始的時候，採用比較緩進一點的實驗方法也宜用比較少科學化一點的，少機械化一點的但求其最適合於推動工廠進行的民衆能力的所能及。

只有『將來』纔能說明那一方面是眞理。

在這段迅速的旅行裏，我還證實了一種值得贊同的表徵，就是蘇俄實驗，雖是以委員制為基礎，現在負責領袖個人的權力，卻要比委員會的權力增多了一些。對於蘇俄經濟的領袖，這確是天然必需的規律。把權力和責任都同時交遞個人，而不再交給議論多而實行少的委員會，那怕就併合在蘇俄式的制度裏，也就算把更直接，更重要的成功所必需的『個人利益』交還了個人。我相信，這就是現行計劃裏兩個最新而最有意義的觀念。在史達林的演講裏，笛維納先生也引用過幾次的，我們可以屢次尋出一些語句，是蘇俄經濟的領袖說來很嚴厲地批評一種『不合學理的平等主義』的學說的。我相信，在蘇俄，現在政治地位很穩固的領袖人物，如果要想達到目的話，他們就應該推翻這種工資和報酬的平等主義，換句話說，的確應該參加一點資本主義制度，在偉大的社會主義制度裏。

在同一時期中我們看見美國在作一種相反的實驗。蘇俄的五年計劃已經在開倒車了，而羅斯福還正在向前探試，要是把蘇俄高級幹部人員對這種計劃的意見蒐集起來，倒還不是一件缺乏興味的事。

美國制度，向着半蘇俄式的統制經濟走，蘇俄經濟，有些部份又在著染個人主義的色彩，十年二十年以後，在中途會不會有巧合的一天呢？這個問題只有「將來」纔能夠答復。

現在，我又來談談笛維納先生所提出的最後一個問題。這個問題，他是最適宜於討論的，因爲起草三月前簽字的法俄通商協定的時候，他是政府一個主要的合作者。我相信，從兩國的利益觀點上着眼，這要算一件重大事體，幷且依照這個通商計劃一切學說上的衝突都就會泯滅了。現在法國工業的問題，是在去把從前國外貿易所失掉的銷場，尋幾個回來。

這次的通商協定，經過三年的爭論纔達到簽字，笛維納先生就很知道，我這方面也與有微勞，我相信，總算是一件有益的工作。現在，蘇俄有一個很大的輸入國，（我說的是德國，）因爲和蘇俄有政治意見的不合，已經處於不利地位，我們乘此時機，把對俄輸出貿易強烈地恢復起來，總不能算是一件壞事體。

很顯明地，突然就要推翻法俄間的通商仮態和專家間的相互關係是很困難的，也不應當相信着，我們的工業，正感受失業和缺少輸出的痛苦的，在一天兩天之內，就可以向蘇俄輸出巨額商貨。這裏還有許多困難。例如物價的問題，現在我們的生產費就比較我們的競爭國要高得多，其理由我不必一一歷數。放款的問題，需要銀行方面的依仗。還有專門技能的問題，不要忘去了現在俄國的工程師，用在大托拉斯和管理部的，求得專門學識都是在柏林而不是在巴黎，蘇俄所用的主要標準機器都是德國式而不是法國式。

但是，這些困難，都不是在我們經濟和工業的領袖的意志和聰明之上而不可超越。我們對此若不拋棄我們的思想和自信心，就應該去完成一切必需的努力。給我們的工業產品開一些新銷場，就是攻打現有經濟恐慌的最好方法。向蘇俄市場進攻的政策一定比一種消極迴避的政策要更富饒些。我贊成的是積極政策。

統制經濟的結論

若紐先生（M. C. J. Gegnoux）講演詞　一九三四年三月二十三日

諸位女士諸位先生，演講會的主持者約我來作這四次演說的結論；我雖感覺得很榮幸，卻也覺得有點冒險。在前面的演說裏，論據之豐富與精確，系統之嚴整，都有異於尋常。照規矩說，很顯明地，諸位所期待的，是這次的結論，對於統制經濟，應該貢獻一種綜合的意見，纔可以對於前面所討論過的一切趨勢的總體，得到一個評判，是惟一無二的，而且，在可能範圍內，是最精確的。

我覺得很苦痛，但是，又必需要告訴諸位，這種期待是得不到滿足的。因爲諸位都通通知道，在迫促條件下的討論，就不會完善。又加以前面的演講很迅速，其中的材料很顯明地是不夠拿來作一個正確的結論和惟一無二的評判。

其所以然的原因，是在作我們這種新的研究對象的四個國家，演到統制經濟，都不是爲着同一的理由。並且，就是演成統制經濟了，各個國家對統制經濟的認識和推行的方式，也各不相同。

例如，吾人要是認爲國家多多少少地來干涉經濟生活的活動，就算統制經濟的話，這顯然是蘇俄纔算走得最快而且最遠了。但是蘇俄之所以能這樣，卻還有學理上的原因。我也許可以說牠是必然的。把馬克斯的學說實現到蘇俄經濟裏去，把營利和自由都同時銷滅了，其結果自然是要建立一種經濟制度，不僅統制，而且要獨佔和集中到極點。

在希特勒統治下的德國，黑爾曼先生曾向諸位講得那樣特別好，是和蘇俄很相接近的，最低限度，在『經濟方針現在是依着政治的預定計劃』一點上，牠們是相接近的。上次所討論過的德國統制經濟，一方面是通貨膨脹和一九二五到一九三一年工業擴張的反動，這種擴張使德國人民受了很大的欺罔；他方面是因爲希特勒的國家萬能學說，認定農業纔是國民經濟的基礎，並且，在他的許多表示裏，要認定『輸出』不過是一種純粹含工業性的需要，並不完全含國家性，所以值不得重視。在所有這一切情形之下，把國家的權力堆疊在生產者的權力之上，堆疊在工人，企業家，工團的權力之上，總是一件成了功的事體。其發動的原因，是爲着要達到一定的政策，一定的目的，就是要達到德國的強大。

德國統制經濟，本來就是含進取性質的經濟。換句話說，就是統制起來向着一種積極的政治行動。黑爾曼先生也曾堅持過這一點的。這一點也就是德國統制經濟和別國統制經濟不同之點。假定我們有統制經濟，也就和我們的大不相同。

和這類觀念完全相反的，是美國的統制經濟。慕尼克先生對此點曾經作了一度極重要的注意。凡是攻擊羅斯福的實驗不遺餘力的人，和認爲統制經濟開了一種新紀元應該推行到別國去的人，對於此點，都值得參考。慕尼克先生說：『我們覺得美國統制經濟，是一種美國所特有的實驗，因爲牠是應着美國特有的嚴重需要而產生的。牠毫不計慮「會使其他世界各國感受困難」，也同樣地是牠的美國特性的表現。』在這些條件之下，統制經濟和一種預定的制度，也就相去太遠了。統制經濟，不過是攻打貧窮的一種偉大鬭爭，在選擇方法的時候，最偏重經驗，最缺乏學理，對於同一辦法，都可以有好幾種不同的解釋。

因此，在美國，一般國家社會主義者，雖可認爲勞工立法，對資本家加上一些監督，並把他們自己規定工作條件的自由削減了；可是勞工立法的出發點，同時就是以『廢除托拉斯法』爲基礎。換句話說，就是把資本主義制度從前所有的障礙除去了。

末了，我們論到第四的一個國家，意大利。牠的經濟情形，已經是在諸位之前，研究過了的。據羅密納先生所談，意大利所實行的統制經濟，要算一種混合制度。因爲，牠既是用來適應一種臨時環境，同時，又是用來實現一種預定的政治學說，法西斯主義。

既然是眞的，統制經濟以前的背境是自由主義，是必然的，無紀律制度，因而是應該銷滅的，那末，統制經濟有學理上的啓迪，是毫無疑義的了。不過，意大利統制經濟，在有許多方面，還受了其他的啓迪。例如，著名的意大利鄉村，大部份都滿載着成功的希望，爲要增加半島上煤和麥的生產，其目的就是要簡單地使意大利在這兩種生產上，有極度的自由。又如，關於純粹的規律方面，有用國家權力來縮減物價的規定。最後，還有含普遍性而與臨時環境不甚關連的，諸位都知道，是創立協團制度的趨勢。

因此，對這四個國家的統制經濟所得的第一個結論，在有剛性精神的人看起來，就有點缺乏鼓勵性。第一個結論就是在實行統制經濟的幾個國家裏，統制經濟的動因和方法都有很大的差異。無疑地，去年秋天，慕索里尼也可以過甚其詞地向一個法國新聞記者說：「我的實驗和羅斯福的實驗很接近。如果你願意，還可以說和史達林的實驗很接近。」事實上，他的實驗，也許和羅斯福的實驗，在方法上，偶然多少有些共通點，但在來歷和動因上，卻絕沒有共通點。

然而，在所論的四種情形裏，也還有一個相同之點是很值得注意的：卽統制經濟若非藉政治獨裁，是不能收顯著成效的。

在蘇俄，笛維納先生曾向諸位談過，要不是有警察，五年計劃是不能實現的。我覺得這種論斷雖是缺少鼓勵性，牠本身的理由卻是充足的。

諸位知道，慕索里尼和希特勒都用了種種的武力。羅斯福直到最近，都用的是事實上的眞正獨裁。這種獨裁，倒是因治理極善，博得民望的結果。但是這種民望的必要，也和其他選民一樣，使他的政策發生很難堪的動搖。

末了我們還要注意到這四種實驗，都差不多是獨裁式的集權政策，其來歷既各不相同，其野心也隨國而異。

在蘇俄，追求的目的，是不成問題的。牠的目的現在已經達到了。統制經濟是蘇俄制度的本質。不統制，不成其爲蘇俄經濟。

在德國和意大利，經濟運動不過是政治制度的進展裏面的一部份。在意大利，如果協團的組織逐漸進展，直到對於意大利政治進程可以發生重大影響的時候，經濟就要超越政治也是可能的。

在美國，慕尼克曾經向我們說明過，統制經濟是怎樣地不重承襲。都不過是想法子去救濟目前困難。曾經採用的一切辦法和法律，都帶着有緊急的標記。這些事體究竟應該怎樣結果，那就要由觀察者各自去估量了。慕尼克先生曾經預測過，他以爲美國實驗有一個最可能的結果，是在使美國取得一個老國家的資格；因爲在老國家的各種傳統中，美國已經有了一個，就是巨額公債。

現在，我們的國家，別人還沒有談到的，又處在一種甚麼境地呢？在前面討論過的幾種統制經濟裏，我們的國家可以列在那一種呢？這點，我相信，不能不告訴諸位，我們的國家，不能列在任何一種裏。

在法國經濟範圍內，如果我們談到統制經濟的時候，就得和一般筆戰的需要相反，不能把幾種臨時政策認作是統制經濟。這些臨時政策，就是在一九三一年年底，似是而非地標記出恐慌最劇烈的時期的，尤其是有幾種國家干涉，其目的只在救濟幾個企業。因爲國家恐怕這幾個企業倒閉了，會引起經濟、財政、社會的風潮，所以自己覺得有應該去設法避免的義務。

不要去評論這些干涉政策，我們就一定會同意去承認美國公法學者的澈底錯誤。這種錯誤，慕尼克先生曾經向我們指出過的。其錯誤之點，是在把我們在恐慌時期中救濟一個銀行的事體，引作先例，就以爲可以推行去救濟一切大規模的企業和信用的膨漲。當時，胡佛先生還竭力去實行了這種政策。我們絕不能在這類附產物裏面尋出一點東西來能夠和理想的政策相類似，更不能尋出一點東西來和所有統制經濟要根據的學理相類似。

可是，在法國，畢竟有統制經濟的學說存在。而且還有好幾種。如果我們不要分辨得過於精細，就可以列成三種。

一種是官方的，我幾乎要說牠是小資產階級的統制經濟。

別的一種是激進派的。這裏面還有一種顯明的區別，可以分成小資產派和激進派。

末了，第三的一種制度，是社會黨所特有的統制經濟。

這裏，並不是我故意分辨得這樣纖細。在我們國家裏，這些派別，都是在運用的時候自己形成的。只是我們且看看究竟有些甚麼表現。首先一般人都有一種習慣，尤其是在最近幾年，要把許多辦法都列在統制經濟裏。這些辦法，往往是一些傾向極帶保守性的人物和政府，受了事實的壓迫而採用的。其後因爲要給牠們一個動聽一點的名稱，就這樣漸漸地把牠們說成是統制經濟。在我呢，老實不客氣，我要說這是一種『階段學說。』

在我們的國家方面，這種是常見而且幾乎是繼續不斷的事體。國家隨着恐慌的引導去增多牠的干涉到很寬的範圍內；有些範圍也許是牠素來不知道的。牠現在旣是未曾準備得有一點兒具體意見來應付這些經濟問題，所以牠作這類事體也就沒有一種目的、方針、和正確的『理想的啓迪』。國家是要受了相反對的利益的推動，纔會動作的。已經在動作了，還是沒有一定的主見的。

如果你們肯去把一種最通常、最初步最不可避免的一種統制經濟，如通商政策的，引來做例子，你們看在事實上這種交涉一點一點的是怎樣在進行，你們對這種情形就可以明瞭透澈的。

如果我們假定有一個理想的國家，遵照着純理智的法律，那末負起責任要決定通商政策的國家，首先對於牠的國民經濟牠的需要，牠的可能性等，就得有一度合理的計量，然後再去和牠爲着自己需要而理想出來的外國實行交涉。

應該要知道，想諸位是知道的，這類事實的經過沒有這樣的嚴整，也不是像我們一個本性不客氣的朋友，魯密（Romier）寫的那樣簡單，他認爲外國代表今天到了商政部，通商政策明天就可確定了。

實際上，他們的行爲是要事實來推動纔得開始，他們的行動是雜亂無章的，任何人都知道這種事體是要怎樣經過。

首先商政部要提出牠的意見來，擬定一個計劃。

一陣，農政部，只有房屋稅是和商政部接近的，宣稱牠受犧牲了，要求一點兒保障。

一陣，外交部說政治的關係必需保持着，經濟方面應該讓步一些。

要是財政部長對稅款的需要很少，他並且在對手國裏有方法取得起來，那末他就可以用同一的態度來參與。此外，工程部和海軍部如果沒有別的話說，那就是極好的運氣了。

以後，我們看見沒有一個人來調和這些意見的時候，我們對於經濟政策方針的不確定，就用不着驚異了。

可是這還不算最嚴重，這不過是弊害的第二等表徵。吾人對此，只是應該加強一種統治力量就完了。還有一種最顯著的表徵，很久以來，在法國我們就可以看得出來的，那就很明白地是國家對於物價的干涉了。

我們知道，最初有一個含預防性的干涉時期，爲要對市場上的物價加以干涉，就採用了一種規定生產的辦法。因此，在一九三一年，關於葡萄酒的法律，就限制了而且規定了葡萄的生產量。

其次，在一九三三年，有規定最低麥價的法律，便來了一些更直接的干涉。在修改這項法律的時候，雖是證實了已經引起人民方面的怨憤，我們看見這種原則還是存在的。因爲，樹脂的生產者，要求國家對他們這種有意義的生產品要擔保有一定的賣價，元老院對於保護樹脂生產者的問題，還起了一度熱烈的爭辯。

在這一切情形之下，一般人總要去作一種解釋，說所以要採用這種遺例的辦法，都因爲是維持公共秩序所必需。非如此，就會演出流血慘劇。因此，在表決這類法律的時候，都很勉強；而且顧慮到將來，還感覺得有點不安。

其實，吾人對於將來，很可以抱着樂觀態度，相信着，在政治方面竭力要想演成統制經濟的人們，並沒有含着甚麼神祕在意志裏。我們可以陸續地證實出來，統制經濟，在我剛纔所說的初步形態裏，有了一些進展的時候，社會黨人還可以利用來推進他們的利益，有如布倫先生（M. Léon Blum）所決定的一樣。幾年以前，在一個士氣激昂的時會裏，布倫曾經說過，他們黨人的戰術，應該是在資本主義的混沌中，建樹社會黨人的骨幹。

統制經濟各自發展了以後，社會黨人的骨幹也就會很愉快地嵌在裏面去。社會主義緩緩地向我們的立法方面滲入，確是最近幾年來，一種最顯著的現象。這種運動是光明正大地進行的。一般人對這類動作，總是很少加以說明的；尤其是在表決關於麥子的最後一次法律的時候，慕勒先生（M. Georges Monnet），幼稚的農業社會黨的代表，曾經出來攻擊過議決案；他認爲太偏重這類理論的先例了，太忽略實際的效果了，特別是關於麥子政策的效果。他並說，從今以後，一切縮減預算和縮減物價的政策，是和合法的固定物價的政策，不能並行的。他並預報這種學理的勝利，一定有迅速的進展。

因此，我們看見在這些又堅又硬的社會黨的團體裏，漸次現出了一種『社會物價』（Prix Sociaux）的學說。這種學說，就是關於麥子的法律的產物，希望着一切物價都由國家來規定，使陳舊的原價的學說，一點不能影響到物價上。

然而，在官方統制經濟的經驗主義和社會黨統制經濟的實利主義——在政治觀點上我覺得是這樣——

中間，還可區分出第三派來。這一派就是激進派。不要忘去了，還是這新起的激進派，纔是最先使統制經濟的名稱顯著的。

第三這一派的理想，確是要純熟得多。其思想的出發點，顯明地是很公正。牠認定吾人是在經濟混亂之中，私人的能力不足以資救濟，只有國家纔具有這種能力，因此，國家非來救濟不可。這樣來的統制經濟的觀念，就同時含有防守性和社會性。這正是黑爾曼先生要說希特勒的統制經濟和我們的統制經濟相反的理由。

所以要說這種統制主義含防守性，是因爲牠本來沒有一點『國家萬能』那一類的野心，只是想簡單地用一種紀律和國家的志願，從恐慌的塗炭和苦痛裏，把法國救護出來。也可以說牠含社會性，因爲在這種機會之下，可以希望國家來，把一些自由主義最喧騰，最令人憤怨的過甚的弊害銷滅了，因而可以改善內國財富的分配。

這種『防守』和『社會』的性質可以生出種種結果。首先，這種政策即使實現出來了，法國統制經濟思想的範圍是狹小的。牠的立場，不會有外國統制經濟的立場那樣寬，因爲牠沒有黑爾曼先生所說那一種積極的目的。但是，這樣推行出來的統制經濟，在選舉方面天然容易得到最大的勝利，也是一定不移的。所以我們在最諳練這類事體的黨人的政綱裏，就可以看見有統制經濟的政策。換句話說，在激進派及其附屬黨的政綱裏就可以看得見這種政策。

統制經濟轉到這種計劃上來，就自成一種形態了。這種形態，我可以在光榮的石米特先生（Jammy

Schmidt）關於維石會議（Congrès de Vichy）的政綱報告書裏尋得出來：

『重視於國內和殖民地的財富，拿來放在慎密的監管之下；遇必要時，拿來放在一個改造了的現代化了的國家統制之下，去攻打資本主義過甚的弊害。』

也許，這段文字不會使你們受蠱惑，不會使你們感覺到理論的清澈，但是，你們由此可見，統制經濟是確定地由外國的偉大建築裏來到一個疲困於延期恐慌的國家，作一種選舉運動的簡單工具了。這裏我們還可以加上一種『小資產攻打大資產』的意義。因爲這個口號含得有一些『時髦觀念勝利』的印象，所以就有一種神秘的號召力。

不過，這種名稱恐怕會註釋一些紊亂的意義來，如我當初所說的，統制經濟在法國，無論怎樣推行出來，都是沒有甚麽威勢的。這裏，只是一種理想。這裏，只是一種政治上的論據。這裏到了社會黨人的手裏，只是一種改造社會的工具。此外，如果你們贊成的話，我還可以說是一個國家不能適應牠的現有任務的繁複，便於採用的掩飾工具。這可以加上一點，在外國統制經濟裏可以看出一種特徵來，我們都承認是固有的而且是各國一致具有的，就是爲要統制經濟，必須具有健強的政治權力，而我們國家裏，卻顯明地沒有。應該要注意到，在這些條件之下，推行一種統制經濟，那怕所用的方法很完善，也要附帶一些危險性的。因爲國家在環境需要的範圍內，固然可以盡量行使牠的權力，但是所生的結果，還是完全可以反射到牠身上去。

這種事理，有如此其正確，在現存政府剛上臺的時候，諸位也許還記得起；美國有一個很高明的政治學者，對這個健強政府的上臺，馬上就下了一個評判，說『牠來顯明地是要減低佛郎價值要是不然，我們絕不相信，會來一個健強的政府，不必竭力去實行統制經濟。』

此外，我們現在要研究的，是各國統制經濟，我們看見牠們的出發點既不相同，進行的方式又不一致，其所得的成效究竟如何。

這裏要說出這些成效，也還不是一件容易事。至少，在兩三個國家裏，如黑爾曼先生所說實行含積極性的統制經濟的，是不很容易。因爲在這種國家裏，往往把失敗的部份藏匿起來，不願別人知道；而且有時爲要達到政治上或主義上的目的，又固意要忽略一些部份。

例如在蘇俄『平等』已經變成了『自由』的滿人意的代替品。——至少當維納先生是這樣說的——至於物質方面的成效呢，他曾經說過，通常總是有些缺乏，其原因是在注意力集中去實行有大野心的計劃，所以顧慮不周到，須得要等待等待。你們的演講先生，特別是認定了，五年計劃在生產的本身方面，和國內生產機械方面，固然是成了功，而交通工具的缺乏，對於新得的生產品不能作適當的分配，卻不免引起了一些很苦痛很嚴重的恐慌。

在德國，現在就要去評判希特勒式的統制經濟的成效，很顯明地是太早了。但是，很明瞭的，如果這種政策，就這樣繼續下去，國家萬能的勢力和德意志精神的奮起，定會把德國公共意志，引到大錯特錯的方針去，經濟方面也是一樣的最低限度，依我的意見，一切問題都在要知道，這種含政治性和國家性的勢力，是不是可以超越許多自然界的困難。而這些困難又是和現行計劃相連繫得很緊密的。

沒有兩天以前，希特勒會向汽車商發表了一段談話，諸位都知道，他宣告有一個攻打失業的大計劃馬上就要加強力量。財政要想以紙幣爲後援是任何時都靠不住的；他打算在德國銀行界去借一筆大款來實現這項政策。

在這一切情形之下，自然是有大部份不穩固，尤其是在一個儲蓄力已被『通貨膨漲』蕩敗了的國家。吾人可以眞實地自己問問，希特勒會不會有一天要走到，或者去停止他的計劃的實行，或者去冒金融恐慌的危險的歧路，而這種金融恐慌又顯然不是他所確定的經濟方針內所應有的。

關於意大利方面，羅密納先生已經向諸位談過一些確定的成效。這些成效在有些方面是已經得到了的，尤其是關於麥和煤的政策。他很恰切很清楚地向諸位陳說了協團組織進展的程序，並且描寫了協團所追求的不可否認的紀律。

惟一的問題可以在這裏提出的，只在要知道意大利這樣擴大了，配備了，是不是在常態的歐洲經濟裏可以尋得牠的立場。我們是不是可以不至於看見增加許多宣傳來，說要保守，說滿足了，並且說他了，猶如諸位在上星期日所聽見的一樣，而又確定地不願意承認我們也有這類情形。

末了，在美國方面，推測其成效的困難，自然要比其他任何國家都更大些。因爲，我們是不能用理性去推測一種賭得不規則的撲克的。如果你們承認我這種比喻，那就沒法推測美國的成效了。

慕尼克先生曾向諸位說過，對於現在已經獲得的成效，重要問題是在要知道，這些成效究竟是由於統制經濟，抑或是由於統制金融。對於一種不可否認的復興狀況，雖然不是一種工業運動的極度進展，應該承認牠是一些純含經濟性質而又特別精巧的辦法所生的結果嗎，抑或簡單地只承認牠是一種投機趨勢所生的結果呢？這種投機趨勢在一個國家的貨幣價值既不穩固，而又隨時可以受敏捷政策影響的時候，可以使一般擁有貨幣的人感覺動搖不安，必須設法將貨幣換出去。這種投機趨勢，在羅斯福實驗的末了一個階段，至少在最近，是可以看得出來的，而且還和美金價值的不穩定是不相關的。因爲，美國政府曾經酌定借了巨額的款來培植經濟，都是預計在短期內準定可以復興經濟，纔不至於使這項借款變成不可支持的重債。

在這一切情形之下，雖對於曾經研究的外國統制經濟不能有詳密的猜度，我卻要堅持別的一點。凡是爲着相關的目的，在法國盡力宣傳統制經濟的人，對這一點都是值得參考的。

無疑地，統制經濟在法國之所以能博得一部份同情，是因爲一般人以爲在金融方面，或在經濟方面，要想立一種集團規律，確是一種便利的政策和方法，省得費許多力。然而這確定地是整個的錯誤。試去考察過去所討論的事實，就可以證明的。

現行的統制經濟，不僅是一種含拘制性的制度，而且在行動上，還是含嚴厲性的制度。就在財政方面的行動也往往如此。

無疑地，我不是談的蘇俄。笛維納先生已經向諸位談過了，警察是蘇俄統制經濟的基礎。

意大利也有些嚴厲的辦法，例如許多法律和命令，規定房主人把租金減低百分之十，規定零售商把物價減低百分之十等。

在德國，盡組織成了工團，工人和資本家的許多自由，轟然一聲就飛不見了。在美國方面，嘉尼克先生對這一點少人知道的細目，曾經詳談過，羅斯福開端就是嚴厲地縮緊預算，其目的又不是真的要縮減預算，不過要準備某額益的款來，便於支付他預計要發的公債的利息。

因此，我覺得很重要地要說明白，統制經濟，恰和一般傳說相反，從來不是一種便利的制度。噫嘻！除了在法國而外，無論在何國都不是便利的。因爲，在我們國家裏，至少可以說我們不知道其中的實際情形，不知道這種零亂趨勢所生的實利。我們看見集合到統制經濟下面去的，不過是一種變相的社會主義就完了。

最近，又把一九三三年關於麥子的法律修改了，——修改理由還沒有保守祕密——因爲牠已經失掉效力，一般人或者是不買麥子，或者拿去換易其他生產品而不受麥價的限制，其交易的方法很巧妙，卻也很合理。修改的結果，對於監管，統計，檢查等，規定得更嚴密了一些，並使行政有了一點干涉經濟活動的職權。在這個機會之下，社會裏人的報紙很自然地就喚起一般人注意到這項法律所得的效果太細微了，應當有的效果，一點也沒有得到最好是讓國家能夠擴大牠的企圖，讓行政方面多滲透一些現代的觀念因此，就不要再去阻撓統制經濟的進展。

若干時期以後，在這個著名的房子裏或在別的地方，也許要編修『自由』的慢性毀滅的歷史，而這種毀滅，是在『無人注意』裏，或是在牠應有的擁護者的愉快裏。

漸漸地，國家正常的而且是傳統的特性，應該保護個人的，就會失掉。國家要變成牠自身的目的了。國家不再保護個人的自由。只怕受了牠下面一些集團的操縱以後，連牠自己的自由，漸次也沒有能力去保護。請注意到，國家這樣地把牠的職權伸張到所有應該救濟的恐慌情形以外，免不了是要到需用巨款的一天。這樣，國家就會緩緩地，但是必定地，要想法子去增加個人的收益，至少要增加『貨幣收益。』我們可以看見，正爲着這個理由，也和爲着一般經濟的理由一樣，總去今天規定最低物價，明天規定最高物價。要是不然，就恐怕引起消費者的怨言和反動。

因此。國家，由這種途徑或其他途徑，就漸次把個人各種的責任，擔負起來了。現在，確實的，在法國人的心理上，最流行的一種觀念是，遇着很小一點困難，就認爲請求國家援助是應有的權利，是國家自己宣佈了的辦法。樹脂生產者，就給了我們一個很好的例子。

這樣，在我們國家裏統制經濟便把所有一切含積極性的東西都喪失完了。牠變成了一種保險制度，要用『國家王』(L' état-roi) 的注意力來保障所有的危險。

單去看這種情形裏的政治進展，而避免去注意經濟方面的顧慮，也未嘗不可。不過財政是一個中介，而財政情形逐漸在感覺到缺乏，逐漸增加紛亂，這種政策有一天要到或者採用社會黨的獨裁，或者採用短期獨裁，也是無疑的事。看不清楚這一點，可以說是有一種人的根本錯誤和簡單好奇心。這一種人，每天早上在要求共和政體，每天晚上又在宣傳統制經濟的必需，而統制經濟應有的結果，又是如我所說的，與個人自由相衝突。

過着很重大的危險的人，要想避免的機會是很少的了。要想避免，似乎應該完成三種任務。最急切的一種，現在就是一個不可失的好機會，是在對於一般整理自由主義的過甚弊害的人，停止其工作。因為，財政上有很多困難，都是由於國家過甚的干涉經濟而發生的。

其次，停止其他一種人的工作，還是一樣的有效。這一類人準備把我們的政治組織改造過，使國家有充分的權力去完成牠的正常任務，如統治，公安，監察等。同時又要使國家受一種學說的壓迫，如我們剛纔所談各種統制經濟的學說，完全超越牠的正常任務，而浮沉於狂放競爭的險風惡浪之中。

期待着將來，而現在已經有了不可否認的事體。這件事體就是經濟混亂的存在。其所以存在，是因為歐戰造成了一種『不均衡。』在有些時候，這種不均衡，本來或者可以更正了的，又因為各國追尚時髦，急於實行統制經濟，過度地增加了信用放款，又維持着一種人工造成的經濟活動。

雖然是這樣，事實都還存在。這種混亂需要整理。如果我們不願意國家用一種不及時的干涉來把改善的時期延遲了，又不願意一種突來的政策，那末，在我們方面，對一種自由紀律的努力，就是必不可少的了。

這種意見，在這裏所研究過的最合理的統制經濟制度裏都可以尋得出來。

這種意見，在意大利是相當於法西斯政綱所載的協團思想。

在美國，是和關於統制經濟的法律的一部份細則是相當的。

末了，還同一種私人創設的辦法相當。這種就是國際的工業聯合組織的辦法，已經實行許多年的了。

我們很知道現在這種混亂的表現，都往往是第二步的現象。例如，過度的關稅保護政策，失工，和貿易封鎖等，都是一些無組織的生產和無益有害的競爭所生的結果。所以，我們可以保證，在經濟方面，個人或團體間的健強紀律，絕不是無益的。

可是，這種意見雖說在許多統制經濟制度裏都存在着，我們還是很可以看出牠的危險性來。一方面，關於協團制度，必需一種獨裁式的政治權力，我們的國家裏是不容易尋出來的。有這種權力纔可以把民衆驅入協團的軌道裏，纔可以把不服從的人制服在規律之下。此外，在美國勞工法典的經驗裏，還可以看出，有紀律的競爭制度成立的時候，國家就乘此機會把牠在自由經濟裏應有的任務都卸脫了。

所以，我剛纔要談　種自願的紀律。因爲在這種觀念裏，權力的干涉是無用的。我這樣說，並不是在發一些不確切的奢願和泛泛的希望。這種組織運動在事實上已經有進步的了。只是還須要去幫助牠。應該要去幫助他因爲，爲着經濟以外的動因，構成這項動因的恐慌，已經透入社會基礎而有逐日增長之勢，我們已經是在一個國民革命的前夜了。這個革命絕沒有避免的可能，只有去推測牠是有秩序的抑或是無秩序的。照過去的事例看起來，既然是精華還存在，文化就不會崩潰，那現在就正是諸位努力的時候，也不患太早，也不患太遲了。

里勞先生（M. Paul Reynaud）致謝詞　一九三四年三月二十三日

諸位女士諸位先生，你們剛纔看見了一個結構最好的調和派的頭腦在這裏很自由地運用。我的朋友若紐，在里昂式的中帶着一點很寶貴的幽默意味，是一個十足的正宗派。我想先生們是很喜歡的。

他曾經告訴我們，應該選擇。或者是統制經濟，或者是自由。如果你贊成統制經濟，那就是獨裁，社會黨或其他。

先生們是很喜歡！

學生們呢？

可惜了，我不是和學生一起的。但是我也可以不拘禮地談談。我以爲，青年人差不多都是看見前面總有一些障礙物。他們自己說：『如果環境要是這樣的，經過一段長時期所完成的工作已經和我們的前輩一樣多，我們還得不到一個地位，那恐怕是有許多事體應該改造了，於是乎我們就準備改造去。』

所以我覺得統制經濟的研究，在此刻，是最合時宜的。

在我的方面，我堅持兩點，第一點是國家沒有統制經濟的能力。政府裏的人物，無論是過去的或現在的，我都知道得很淸楚。我沒有遇見一個頭腦能夠總括經濟問題的全體的。

第二點是國家不能不統制經濟，因爲這是事實問題。

這種事實的原因安在呢？顯明地大部份都是由於世界大恐慌所造成的。這個大恐慌是在人類歷史裏尋不出一個先例的。並且也因爲我們現在的環境巳經不是和小規模生產的時代一樣了。現在的環境裏是一些大規模公司。這類公司如果倒閉了動輒要對政治和社會方面發生影響。政府對此，是不能坐視的，尤其是弱政府。因爲，外省的小銀行倒閉了，我們可以不管，巴黎的大銀行倒閉了我們是不能不管的。我的親愛的青年朋友們，要有許多有合法資格的人來向你們說，如果牠關了門，就會有無數的商店要關門就要生出不幸的結果，就是你們也不會讓牠關門的。

只是，有一點不好的，是國家來干涉以後，通常應有的反動就不會發生了。

以前，一個國家遇着了恐慌的時候，受了病的機關，自己就把病毒泄瀉下去了。生產過剩了嗎？物價就會低落，生產就會減少。供求的均衡狀態又可以恢復。因爲小銀行些倒閉了，我們可以讓牠們去受天然淘汰。

現在，國家對一個大銀行，或大汽車廠都沒有法子可以讓牠們去受天然淘汰。國家是被迫着要干涉，要維持公共秩序。因此病毒就不能由受病的機關泄瀉出來。

一般人往往以爲美國統制經濟是由羅斯福創行的。一點也不是，羅斯福不過把統制經濟加強而巳。一般人以爲從前就是自由時代，這也不恰當。胡佛爲要博得他的強有力的選民歡心的時候，特別去向東部的農民要好，把麥價維持到人爲的高度，這雖於農民有利，卻把縮減麥田的政策遲延了兩年之久。

若紐曾經發生過疑問，問我們是否眞的有一種統制政策。其實我們有兩種：我們有一種經濟政策，是含通貨膨脹性的，如高價麵包政策和保護樹脂生產者的政策等。樹脂生產者在要求保證的時候還用了嚴重恐嚇的。我們還有一種是財政政策，其性質與前一種相反，是含緊縮性的政策。

所以說我們同時有兩種政策。其中有一種唯一的錯誤是矛盾。我們希望把意見統一起來，在二者之中，能選用一種。但是，無論因被迫而採用的干涉政策到了甚麼程度，因爲我們看見國家被迫而來干涉，並不是爲着高興，而是爲着社會情形的進展迫着牠來干涉，我相信，幾乎所有一切干涉都只有加重恐慌和延長恐慌的，——關於祕魯的咖啡，美國的棉麥，或其他的干涉卻是應着政治上的必要的——因爲這種干涉到達的地方，自然的現象就已經受了束縛了。

好罷！爲要使國家能夠對抗這些要求，多多少少帶了一些強迫性的要求，有時還有採用恐嚇的步法，那就該使國家健強起來。

諸位知道，現在，這是一種含世界性的現象，並且，即使我們可以作自由經濟的最後一個附和者，我們絕不能作弱國的最後一個附和者。如果你們肯看一看世界的景物的話，關於美國，事實上羅斯福是一個獨裁者；關於日本，日本是在青年帝國主義黨的獨裁制下面生活着；關於蘇俄，意大利，德國，乃至奧國，匈牙利，波蘭等，到處我們都看見是強國。現在的問題是在要知道，為干涉經濟和對抗關於干涉的要求，我們的國家是不是充分的強健。

例如在意大利，協團所能作出的政策，其目的在使工業團體或農業團體都各自合理化。我覺得，在和我們相關的地方，這種政策是值得擁護的。我相信，我們如果只在『自由』裏和『弱國家』裏，等待這種政治的發展，到達的時候恐怕太晚了。我以為在一定的限度內，國家應該參與到協團範內來，促進牠的進展。這種制度是很良好，很健全，只是應當促進。

所以，一切問題都在要知道我們是不是要對於世界繼續呈現一種景色，其中有一個虛弱國家，和一個政府，政府的主要任務在最近的二十個月裏，截至四月六日止，只在從前任手裏去把政權接收過來，又移交到後任去。

我適纔去參加了一個委員分會的會議，我是會員之一。所討論的是改造國家的問題。我曾向我的同事們說：

『我不知道你們在作些甚麼；也許你們作的是些不完善的事體，因為照過去的事例看來，一種老朽的制度，很少有能夠自己改正弊害的。

我所認定要向你們說的是，你們如果不把法國憲法澈底修改了，我們這種制度是要覆滅的。因為別人要是不明白你們是不強，因而是無用，那怕就關於大錯處也不會勸告你們退出這種危險地帶的。』

我本來也相信，這個會議對於我們國家會有些好處，我不能過於發怒，去觸犯一些本來很平靜的態度，但是，他們又在法國歷史上一個最嚴重的時期發表的是青年的感情。

我也和若紐先生一樣，相信着國家應該增強起來。青年是公共意志的一部份，在有些時候，還有一種特殊的性質，一般人對他們比較對別人要更容易了解些。我說，那怕就有一般人，期待着國家的魔術式的干涉政策，以為就可以把別人現據的地位移給他們的，認為純粹的自由主義裏有些缺乏鼓勵性的事，最低限度，你們，青年們，法國的知識青年，有一種任務須要去完成。須要去幫助我們作一種宣傳，這是你們能夠作的，並且也是在你們從不超越的規範以內幫助我們去使我們的國家知道，所有其他的國家都振作起來了，法國也同樣地應該自己振作起來。從歐戰終止以來，已經有了三十一位內閣了，這眞是不能堪，而且有點可恥。

最近，在倫敦街上，有個英國人遇見一個法國人，就向法國人說：

「請你告訴我，——這件事已過一月了——今天早晨，你們的內閣總長又是誰呢？」

我覺得這是一種屈辱而且不幸的情形。我認為這種改造的呼聲，在國家的危難之前，幾乎要到處傳播了，是須要向國民傳播的，法國青年，正應該來加以推動。既然你們的整個生命都在你們的前面，那末，法國的將來和你們關係就比較和任何人都更密切了，所以正是應該由你們來喚醒公共意志，由你們去高呼：

「法蘭西輪到你了，你奮興罷！」

中華民國二十五年二月初版

經濟叢書 統制經濟一冊 (82220·8)
L'Economie dirigée

每冊定價國幣玖角
外埠酌加運費匯費

原著者 André Siegfried
譯述者 黃子度 等
發行人 王雲五 上海河南路
印刷所 商務印書館 上海河南路
發行所 商務印書館 上海及各埠

(本書校對者王煊著)

[illegible]